中学受験直前対策号

入試直前 必勝ガイド

CONTENTS

SHUTOKU Progress Center

生徒の未来を創造します

■ 学校説明会（予約不要）

12月 12日㊏　14：00
2021年 1月　9日㊏　14：00
1月 16日㊏　14：00

場所：SHUTOKU ホール

■ 2021年度入試日程

試験日	2月1日（月）		2月2日（火）		2月3日（水）		2月4日（木）
	午前	午後	午前	午後	午前	午後	午後
試験科目	2科（国・算）※	国・算・英から1科目選択※	2科（国・算）※	国・算・英から1科目選択※	2科（国・算）※	国・算・英から1科目選択※	国・算・英から1科目選択※
		総合学力テスト	総合学力テスト				

【総合学力テスト】⇒公立中高一貫校適性検査に対応した作文（50分）　※個人面接（受験生のみ）

修徳中学校・高等学校

〒125-8507　東京都葛飾区青戸8-10-1　TEL.03-3601-0116
JR常磐線・東京メトロ千代田線連絡「亀有駅」徒歩12分　京成線「青砥駅」徒歩17分
http://shutoku.ac.jp/

当日あわてないように

持ちものチェック！

受験本番まであと少しという時期になりました。みなさんは、試験当日に必要な持ちものの確認はできていますか？

このページでは中学受験に必要な持ちものを「すぐだせるところに入れるもの」や「身につけるもの」といった項目別に紹介しています。

当日の朝にあわてないよう、余裕を持って準備しておきましょう。

カバン

防寒具や上ばきを含めた荷物をすべて入れても少し余裕があるくらいの大きさで、ファスナーなどで口が閉じられるカバンを用意しましょう。

すぐだせるところに入れるもの

受験票

他校のものをまちがえて持ってきてしまう、といった失敗を防ぐために、受験票はクリアファイルで保管。折れや汚れの心配もなくなります。

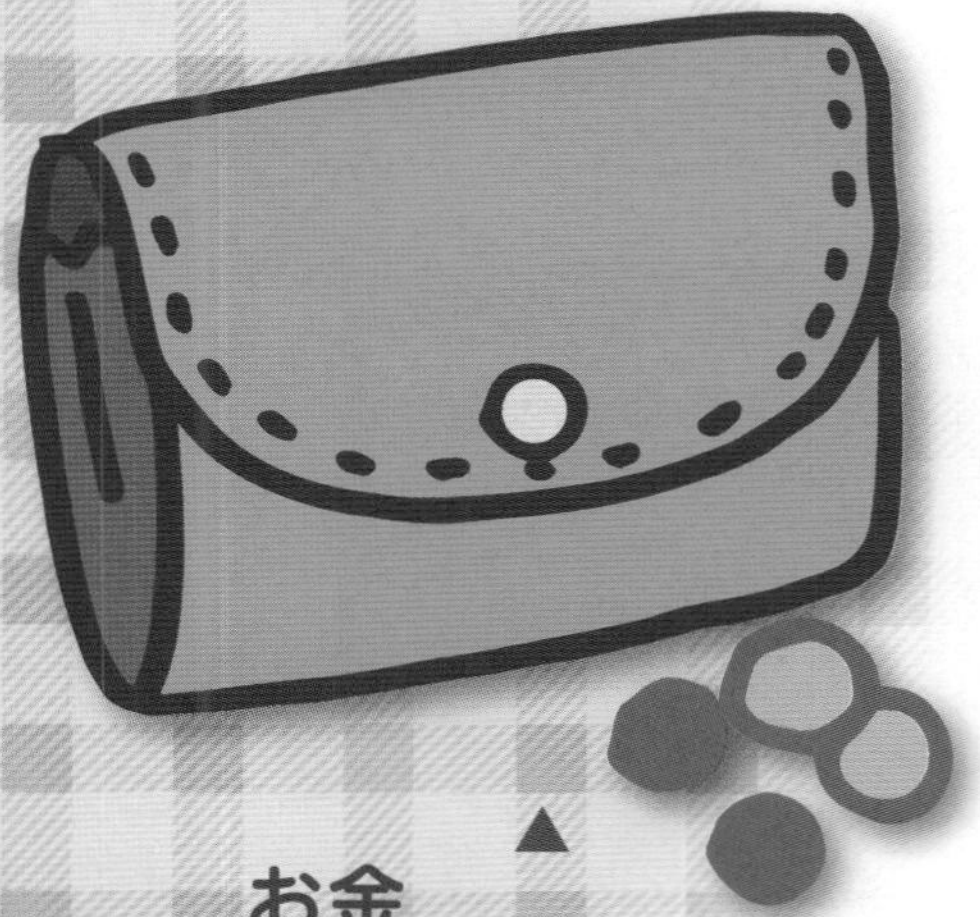

交通機関用ICカード

交通機関を利用する場合は、あると便利です。残高がなくならないよう、事前にチャージしておきます。

お金

交通機関用ICカードが使えないときのために現金も持っておきます。小銭があると、なお安心です。

すぐだせるところに入れるもの

ティッシュペーパー

鼻をかむ以外に、消しゴムのかすをくるんで捨てるときにも役立ちます。

上ばき

ふだん学校で使っているもので大丈夫ですが、汚れていれば洗っておきます。スリッパは避けてください。

アルコールスプレー

新型コロナウイルス感染症などの予防のために、持ち運びやすいサイズのアルコールスプレーや除菌効果のあるウェットティッシュを用意して、こまめに手をふきましょう。

ハンカチ・タオル

水分を吸い取りやすいよう、新品の場合は一度洗濯しておきましょう。また、タオルもあると雨などで濡れたものをふけるので便利です。

筆箱に入れるもの

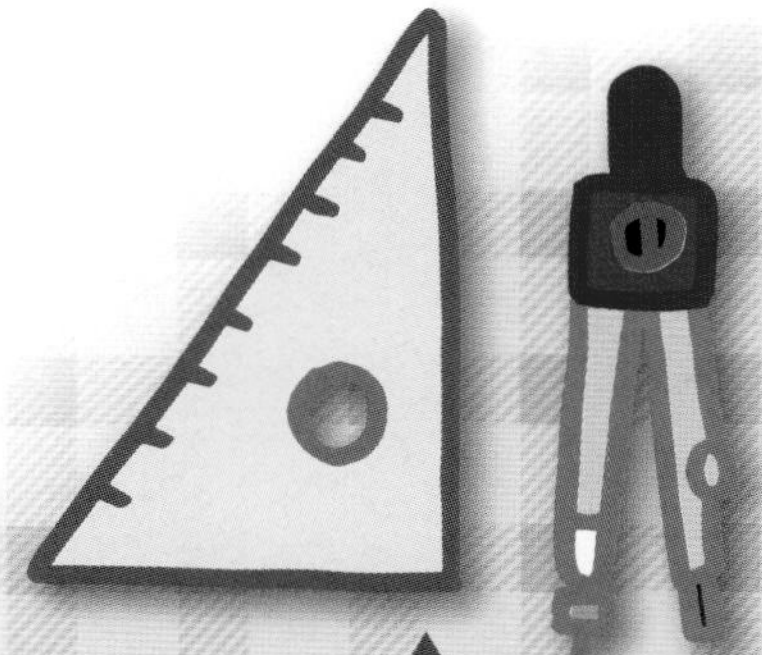

三角定規・コンパス

学校によっては持ちこみの指示がされていることがあります。または逆に持ちこみを禁止する学校もあるため、事前に確認してください。

消しゴム

２～３個、消しやすいものを準備します。消しかすがまとまるタイプもおすすめです。

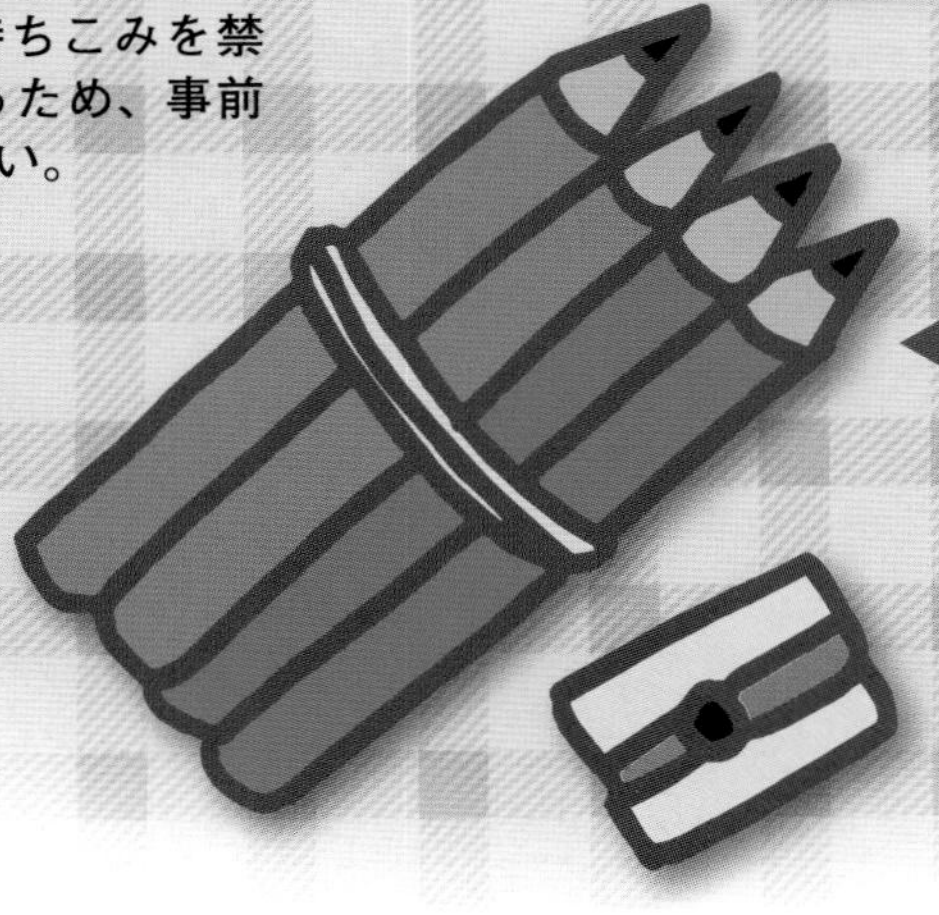

筆記用具

鉛筆ならHBのものを６～８本と、鉛筆削りを用意しましょう。シャープペンシルの場合は２～３本持っていきます。替え芯も忘れずに。

その他カバンに入れておくもの

替えソックス

雨や雪のときにあると安心です。濡れた靴下を履いたままだと風邪を引くおそれもあります。

ブラシ・手鏡

小型のものでいいので、面接前に身だしなみを整えられるように用意。エチケットブラシもあるとなおよしです。

飲みもの

寒い時期なので、温かい飲みものがおすすめです。カバンに入りやすい大きさの水筒に入れましょう。

雨具

傘だけでなく、濡れたものを入れるためのビニール袋があると便利です。雨靴を履いていくのもいいでしょう。雪の日は滑らない長靴がおすすめです。

お弁当

緊張していて食欲がなくても食べやすいように、消化にいいおかずをひと口サイズで詰めるようにします。

カイロ

あると便利な防寒グッズです。使用する場合は、低温やけどしないようにカイロケースに入れると◎。

プラスで用意するもの

学校案内や願書のコピー

面接がある受験では必要です。面接の待ち時間の間などに内容の最終確認をしておきます。

また、学校ごとにクリアファイルに入れて保管しておくと、ほかの学校のものをまちがえて持っていってしまうということがなくなるのでおすすめです。

参考書

受験勉強で使いこんだ参考書やノートをお守りとして持っていき、休憩時間に読んで緊張を和らげる受験生もいます。

のどあめ・トローチ

せきや口の渇き、のどの痛みが気になるときに役立ちます。

お守り

お守りを持っていくときは、カバンに入れておきましょう。

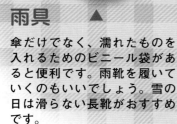

身につけるもの

腕時計

学校によっては持ちこみを禁止していることもあります。使用する場合は計算機能がついていないものを用意し、アラーム機能を切り忘れないようにしましょう。

マスク

新型コロナウイルス感染症などの対策として必須のアイテムです。自分の体調管理のため、さらに周りの人への配慮のためにも、かならず身につけてください。

保護者が持っていくもの

メモ帳

保護者控え室では試験の問題や解答が掲示されることがあるため、メモできる筆記用具があるといいでしょう。ただし、今年は新型コロナウイルス感染症の影響で保護者控え室が用意されない場合があります。事前に確認してください。

スマートフォン

受験生は持ちこめないため、必要な場合は保護者のものを使います。
※スマホ利用入試を行う学校もあります。

新型コロナウイルス感染症の影響が懸《け》念《ねん》される今年度の受験では、例年よりも体調管理に気をつけなければならず、感染予防のための持ちものが必要です。足りないものがあれば早めに準備するようにしましょう。83ページには「持ちものチェックリスト」を掲載していますので、そちらもぜひ活用してください。

世界を舞台に活躍する生徒たち

普連土学園《ふれんどがくえん》中学校

School Information（女子校）

所在地：東京都港区三田4-14-16
アクセス：JR山手線・京浜東北線「田町駅」徒歩8分、都営三田線・浅草線「三田駅」徒歩7分、地下鉄南北線「白金高輪駅」徒歩10分
TEL：03-3451-4616　URL：https://www.friends.ac.jp/

ロボットプログラミング国際大会に出場！

普連土学園中学校（以下、普連土学園）は、キリスト教フレンド派婦人伝道会により設立された中高一貫の女子校です。1人ひとりを大切に、すべての人を敬い、世の役に立つ女性を育てることを目標とする同校では、生徒が自ら考え、主体的に行動する、様々な活動が行われています。

そのなかの1つ、「Ｆｒｉｅｎｄｓ Ｆａｂ」は、プログラミングやロボット製作を中心に活動している団体です。近年、ＬＥＧＯ社が主催する世界最大規模の国際的ロボット競技会『ＦＩＲＳＴ ＬＥＧＯ ＬＥＡＧＵＥ（ＦＬＬ）』に毎年出場しており、２０１７年と２０１９年には国際大会に出場しています。今年もブラジル大会への出場が決まっていましたが、新型コロナウイルス感染拡大予防のため大会自体が中止となりました。

FLL 東日本大会にて
（Friends Fab）

文系・理系を問わず活動する生徒たち

FLL 大会ではプレゼンテーションも重要

大会のイメージから、理系の生徒のみで活動しているのではと思うかもしれませんが、文系・理系に関わらず取り組めるのがロボットプログラミングの魅力です。実際、中2から高2まで70名ほどいるメンバーのうち、高校生の半数は文系選択者で、ロボット製作やプログラミングに興味・関心のある生徒がともに和気あいあいと活動しています。

ＦＬＬは理系の専門知識の有無を問うのではなく、むしろ与えられた課題を解決するためにチームとしてどのように対策を考え、協力し、行動するかという点に重きをおいている大会です。メンバーのなかにはほかのクラブと兼部している生徒も多いため、各々のペースで放課後、物理室に集まり、各自が具体的な目標を定めて活動しています。

生徒たちの主体性を育み可能性を最大限広げる

活動をするなかでより詳しく知りたい事柄や、自分たちでは解決できない問題が現れたときは、プログラミングの講師を学校に招いてアドバイスを求めたり、企業を訪問することもあります。その際も主体はあくまで生徒たちで、教員が具体的な指示を出したり、直接手伝うことはしません。このような学校側の姿勢の背景には、自ら調査・研究する探究型プログラムの推奨という近年の流れがあることももちろんですが、より根本的には、1人ひとりの可能性を大切にし、育んでいくという創立以来の教育理念が大きく影響しています。

主体的に考え、行動することがますます必要とされる現代において、普連土学園の学びは、着実にその力を身につけさせているのです。

2020年度 入試イベント日程

◆学校説明会（Web予約制）
11月13日（金）10：00
11月17日（火）10：00

◆入試解説会（Web動画配信）
12月 5日（土）

※各説明会・イベントは変更になる場合がありますのでHPをご確認ください。

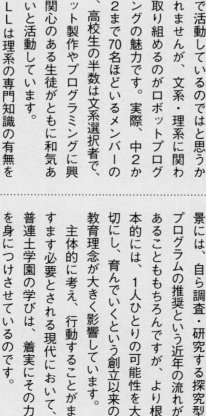

2021年度首都圏中学入試予測

コロナ禍の前半模試結果から

森上教育研究所 所長　森上展安

前半の模試状況では難関上位校の受験者減めだつ中堅の上位校は昨年同様の線

近年みられない大幅減で難関上位校は易化の方向へ

来春の私立中学受験はどう動くか。現時点（9月末日）でわかっていることは、「少なくとも中堅・上位校受験者について、受験者数は変わらない」だろうということです。

これは6〜7月に行われた大きな模試の受験者数が中堅・上位成績層において昨年と同数程度（むしろ微増）だったからです。

「少なくとも中堅・上位校」と限定したのは、受験生が多く受ける模試は4つありますがそのうちのひとつが、まだ完全実施にはなっていなかったからで、10月の模試からは正確に前年比がだせる実施状況になります。

この夏までの模試では、この春の結果状況とはかなりちがった展開がでています。以下、そこをみてまいります。

第一の特徴は、難関上位校の緩和です。進学校、大学附属校、半附属校問わず減少傾向となっています。たしかにリーマンショックの際も難関上位校は5％程度の減少がありましたが、今回は10％以上の減少が、9月までの模試ではみてとれます。とはいっても昨年春までは難関上位校は3倍強という倍率の高さでしたから数年前の2倍台前半に戻るだけといっていいと思います。ただ1年でこれほど減少することは近年ではあまり起こらなかったことです。

お読みいただくうえで、わかりにくいかもしれないので書き添えると、ここでいう難関校とは偏差値にして60以上、冒頭述べた中堅・上位校は55〜59程度、中堅・中位校が50〜54、49以下が中堅・下位校となります（四谷大塚の数値から）。

前述した5％程度の減少ではさほど質的な変化はなかったかもしれません。しかし今度は現時点で難関上位校は10％程度の減少なのですからかなり緩和する印象です。

今回のコロナショックは、2020年2、3月あたりから深刻な騒ぎになりました。リーマンショックの場合は2008年の9月でした。つまりリーマンショックは秋口でしたから小6生に与えた影響は少なかったのです。受験そのものをやめようとした家庭はほぼなかったのです。

前記した難関上位校の5％減は、おもに翌年以降の入試での変化でした。

一方、今回は春先ですから、小6生になる直前の場合、受験そのものをやめようとする人もおられたかもしれません。ただ、冒頭述べたように大手塾主催の模試では中堅・上位生は対前年で減少してはいません。中堅・上位生には影響はないはずです。

しかし、学校ごとに模試志望者数をみると、一部減少しているところもあるのです。

その理由として考えられるのは、難関校をめざしていた受験生の志望校下方修正ではないか、と思われます。ではそれはなぜか。それこそコロナショックによる受験への取り組みの後退と、その結果の学力不足、ひいては志望校の下方修正、という展開になっているのではないでしょうか。

志望替えした受験者が向かうさきは、難関上位校を避けて中堅・上位校へ。つまりワンランク易化《いか》する学校へと向かう結果となっています。

ただこの難関校の沈静化がもし推測したような事情による下方修正なら、学力の伸びが後半に強まれば復調するのでは、と思われるかもしれません。仮にそうであっても昨年までほどの難度にはなりそうもありません。

また中堅・上位校は、求める学力がかなりはっきりしているため多少の受験生数の増減では難化も易化も考えにくいと思います。

中堅校は人気高まるも
不安は特定校に集中する傾向

むしろ来年入試の焦点は中堅校受験生の大幅な増加です。しかも6～7月模試の段階ではごく少数の学校に受験者が集中し、このままでは人気の高まりが倍率増につながり、受験生にとってかならずしもいい進学結果をもたらすとは思えません。

では、その人気のあり方を少しみていきながらこれからの受験を考えてみましょう。

鮮明な人気になっているのが男子の中堅・上位の進学校です。それ自体は、この2年つづいて大きくなってきた動きで、中心にあるのは巣鴨、世田谷学園の算数1科午後入試開始から始まった難関・上位校受験生の併願人気が高じたものです。

もともとは都市大付属の午後入試が併願の流れをつくり、ここに巣鴨、世田谷学園が参戦して、2月1日午後入試に男子上位受験生の多くが併願スケジュールを組みこんだわけです。午前入試のみの城北、攻玉社、本郷もこの男子進学校人気に乗っています。これよりむずかしいとされる海城、芝あたりでは大幅な増減はありません。

人気つづいた大学附属校だが
足踏み状態の兆候みえる
それでも半附属校は高い人気

2倍台の後半は確保の附属校
他大学ねらえる学校は好調

一方、やはりこの数年ブームがつづいてきた大学附属校人気の高揚も来年は沈静化の状況になっています。近年は3～4倍ほどの高倍率で推移していましたから、多少沈静化したとしても、2倍台後半はあるはずで、楽観はできませんが附属校自体のあり方が変わったわけではありません。こと入試に関していえば、このコロナ禍で難関私立大学の合格者数をしぼりこむ規制が弱まったこと、大学改革が一部延期になったことなどから再び男子進学校にスポットが当たり、附属校人気に少し沈静化傾向がみえる流れになっていると思われます。

ただ香蘭女学校や、青山学院横浜英和など完全附属ではなく半附属のような学校の人気は依然根強いものがあります。また今春では早稲田中に人気が集まりました。

これには日本大学の系列校や、東洋大京北のような系列校が入りますが、そうした中堅の半附属校人気は堅調です。

埼玉・千葉は沈静化か
話題は広尾学園小石川の開校

さて1月校は軒並み昨年ほどの倍率ではなく少し沈静化しそうです。

ただ埼玉の大宮開成や、千葉の昭和学院秀英などは来年も人気が集まりそうです。ここでも最難関人気はそれほどではなく中堅中位校の人気になっています。

来年度の最大の話題校は共学化する光英ヴェリタスや、芝浦工大附属などもありますが、なんといっても広尾学園小石川になります。やはり広尾学園人気は堅調ですし、広尾学園併願校では三田国際学園が定番化していましたが、ここにきて、併願の本命校として広尾学園小石川が開校します（例えば1日と2日で両校を受けるケースがありえる）から、やはり根強い人気のある広尾ブランド校に人気が集まるだろうと考えられます。

また、女子校では吉祥女子が3回入試を2回にしますので、当然、受験者側のリスクが高まりますが、そのあおりか鷗友学園女子の人気が浮上しています。

ほかには共立女子、山脇学園、昭

和女子大昭和などの受験者増が鮮明です。

神奈川の女子校では、清泉女学院、湘南白百合などが増加の勢いをしめしています。

共学校では、東京の国学院久我山、かえつ有明などが今春同様人気を集めています。

近年の実力伸長校は人気継続 後半受験者増の学校も要注目

また、6〜7月の模試の段階では鮮明にはなっていませんが、これから倍率的に人気になりそうなのが、いわゆる実力伸長校です。

すでにみてきたように前半戦の模試の志望で伸びているのは、難関上位校でも中堅・上位校でもなく、中堅・中位校ですし、さらにいえば中学入学時の難易度に比べ、出口で1〜2ランク上の大学合格実績を叩きだしている佼成学園女子のような学校が、例年後半戦で人気を集めます。

たとえば宝仙理数インターや都市大等々力。もう少し受けやすいところでは淑徳など。あるいは少し難度が高いところで帝京大中なども堅調な人気になっています。

来年入試のなかでは学校内容を一新して募集する開智、本格的に共学募集をする品川翔英、30年ぶりにもなろうかという理事長・校長交代で新機軸を打ちだし斬新なDS（データサイエンス）をコンテンツとする東京女子学園、東京大学合格者をだしたMGSクラスを一新し、スーパーMGSクラスを新設する明星などが注目されます。

例年、栄東、市川などの大規模入試で幕をあける首都圏中学入試ですが、この両校のような中堅でしっかり大学進学実績をだす学校のニーズはこれまで述べてきたように健在です。

ただ、茨城は公立一貫校ブームにわくものの、いまのところ私立併願ニーズは高まっているようにはみえません。

一方、都内の公立一貫校は高校併設がなくなる武蔵、富士は募集数も増えるため、やはり人気が上昇しているようです。近年、沈静化してきていた都立一貫校の受験者数に変化がありそうです。

安田学園、かえつ有明、開智日本橋学園など東京東部の学校の人気が今春はめだちましたが、これらの学校のうち、安田学園と開智日本橋学園の2校は東部地区にあって公立一貫校の併願校として屈指の人気校といえ、ここは来年も手堅いでしょう。

つけ加えれば、西多摩にある東海大菅生が医学難関大進学コースを設置して募集するとのこと。東海大医学部への進学は附属校ルートが入りやすいので、同校がこれまでこのような取り組みをしていなかったことはいわばもったいないことで持ち味をいかした取り組みといえます。

◇

さて、つぎページからは当研究所・小泉壮一郎によるデータからみた来年度入試予測をお送りします。リーマンショック時のデータ研究を基に「コロナショック」についての影響も加味してあります。

「コロナショック」による影響を加味した2021年度の中学入試予想

1 リーマンショック直後の増減率を基準に分析する

　現時点ではコロナショックによる影響がどの程度あるかは未知数ですが、2021年入試受験者数が減少する可能性は高いと思われます。もちろん、これからも状況は変わっていくでしょうが、リーマンショック直後の受験者数が急減したことを参考に分析できると思います。

　2008年にリーマンショックが起こったとき、中学受験をやめるご家庭は少ないという意見もありましたが、実際は2009年の中学入試で大幅な受験者減となりました。

　確かにこれまでは不況の影響で中学受験者数が極端に減少したことはありません。リーマンショック以降、東日本大震災のときも日経ダウ平均が急落しましたが、翌年2012年の受験比率にも顕著な減少はみられませんでした。株価が急落した2014年・2019年の消費税の引上げ、2015年のチャイナショックや、2018年のV-Xショックでも翌年の受験比率は増加しています。ただし、これらはリーマンショックと比べると、経済の影響が少なかったのも事実です。一方、コロナショックは、リーマンショックよりも経済へのマイナス打撃が大きいのではないかといわれています。

　中学受験は、不況になる可能性が大きいほど取りやめる可能性が大きくなると考えられています。そうした仮説のもと、リーマンショック直後の受験者数前年対比を基準にして、受験者数の減少率がどの程度の範囲になるかを予想してみます。

　現時点の予想範囲となりますが、リーマンショック直後の状況よりもいいか・悪いかで、2021年入試をイメージし、中学受験準備をすることができると思います。

　今後、新たな情報を得られれば、2021年入試の受験者数の予想は精度が高くなると思います。新たな情報というのは、

①2020年の大手模試受験者数はどのくらいか？（通常の運営に戻ってきているので、今後わかるかもしれません）

②新型コロナウイルス感染症はいつごろ沈静化するか？（やや沈静化の流れなので、新薬・ワクチンの早期実用化に期待したいところです）

③不況の影響はどの程度か？（まだわかりませんが、リーマンショックのときよりもひどいのではないかという報道もあります）

といったことです。

2 過去20年における分析

受験者数の動向

　中学受験者数は公立小卒者数と中学受験比率で決まります。2021年入試の小6人口前年比は99・7％のほぼ横ばい、コロナショックがなければ、受験比率は102・9％の増加、受験者数は102・6％の増加と予想していました。

　リーマンショック直後の2009年の受験者数前年対比予想は、96・8％で約3ポイント減少。それほど大幅な減少とならなかったのは、同年小6人口が2・6ポイント増加したためです。小6人口の影響を除外した受験比率前年比は94・4％で約6ポイントの大幅な減少です。

　2009年中学受験比率・1都3県の公立小卒者数前年対比をもとに、コロナショックによる2021年の中学受験者数予想を行いました。2021年の受験者数前年対比予想は、94・1％でリーマンショック直後の前年対比とほぼ同じ数値になりました。

中学受験比率の分析

　中学受験比率（2月1日受験者数÷1都3県公立小卒者数×100）は、公立小卒者100人あたりの中学受験者数となります。ただし千葉・埼玉の中学は含んでいないため、実態よりも少ない数値となっています。千葉・埼玉の中学を入れると、お試し受験をする東京・神奈川の受験生が入り、実態よりもかなり多い数値となってしまうためです。実態とは異なりますが、ここでは、中学受験比率は推移をみるための指標と考えてください。

【資料1】

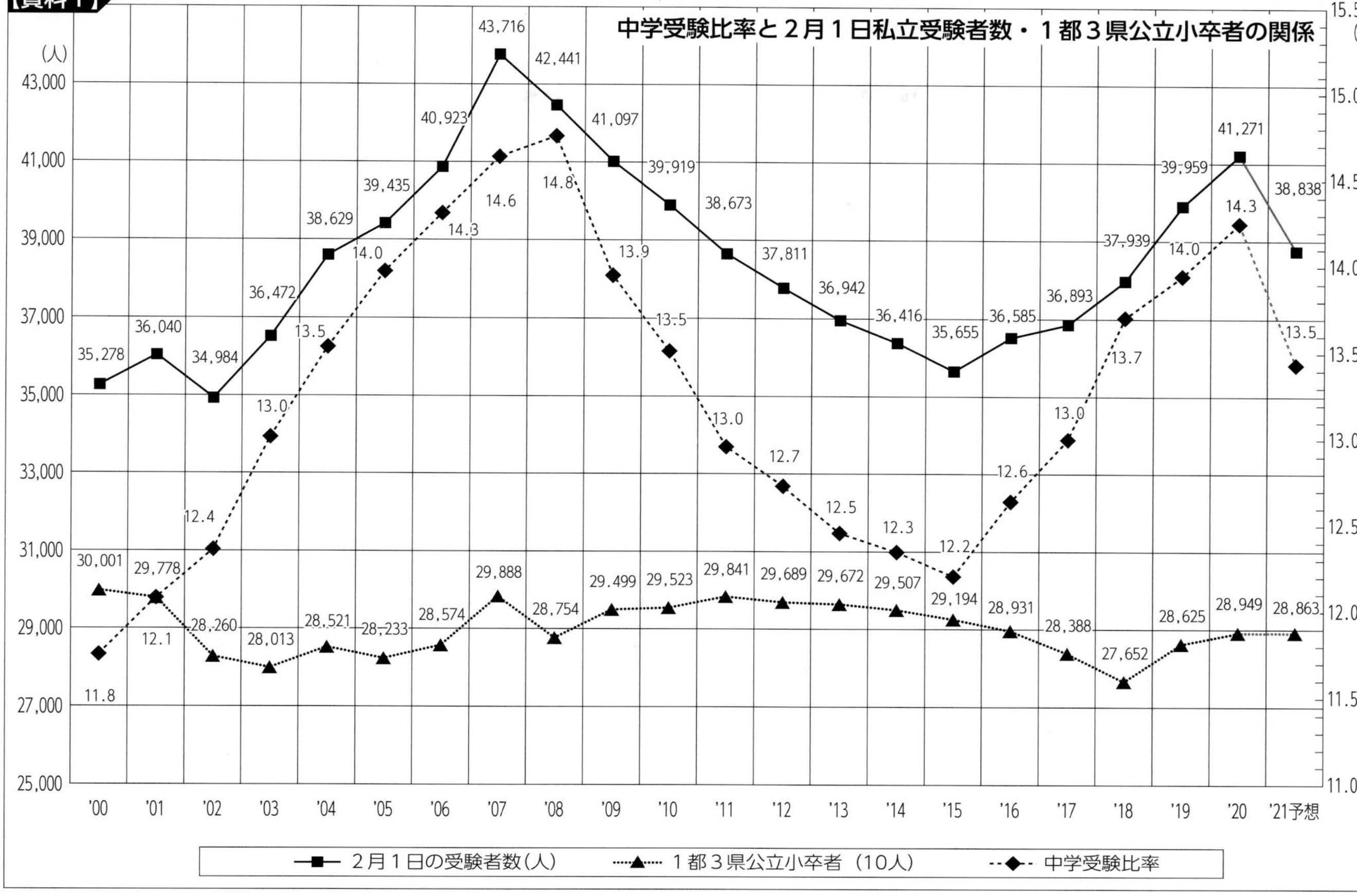

リーマンショックの直前・直後の中学受験比率を見ると【資料1】、受験比率と2月1日中学受験者数・1都3県の公立小卒者の関係がわかります。受験者数に注目すると、2007年は増加し、2008年は減少しています。原因は1都3県の公立小卒者（小6人口）でした。

小6人口が増加→減少→増加しているため受験者数は2008年から減少し始め、2009年にはリーマンショックの影響がめだたないように見えるのです。小6人口の影響を受けない中学受験比率で見れば、リーマンショックの影響は歴然です。

3 中学受験比率の推移をトップとボトムで比較

ブームと衰退の周期

【資料2】は中学受験比率を①1999年の翌年2000年から増加し始めたボトムの年②2008年の翌年2009年から減少し始めたトップ（2008年がピーク）の年③2015年の翌年2016年から増加し始めたボトムの年④2020年の翌年2021年から減少し始めると予想したトップ（2020年がピーク）の年をそれぞれ、100％にして増減を分析したものです。

それを見ると中学受験のブームと衰退の周期があるように思えます。中学受験比率は小6人口に関係ないので、受験比率が継続的に増加すればブーム、継続的に減少すれば衰退といえます。ブームや衰退には増減の契機はあるようですが、周期的に増減を繰り返しています。

中学受験ブームの契機となったのは2000年のゆとり教育や2015年の大学入試改革、一方ブーム衰退の契機は2009年のリーマンショックや、今回のコロナショックでしょう。契機となるかどうかは、影響力が大きなことかどうかもありますが、タイミングも需要な要素です。トップに近いところでコロナショックが起きたために中学受験の衰退が多少早まり、減少幅も大きくなった可能性があります。

各グラフの分析

①1999年（の中学受験比率）を100％

1999年はゆとり教育の影響で翌年から増加し始めたボトムの年です。1999年のボトムを100％とすると、トップとなった2008年は128％で受験比率は28ポイン

【資料２】

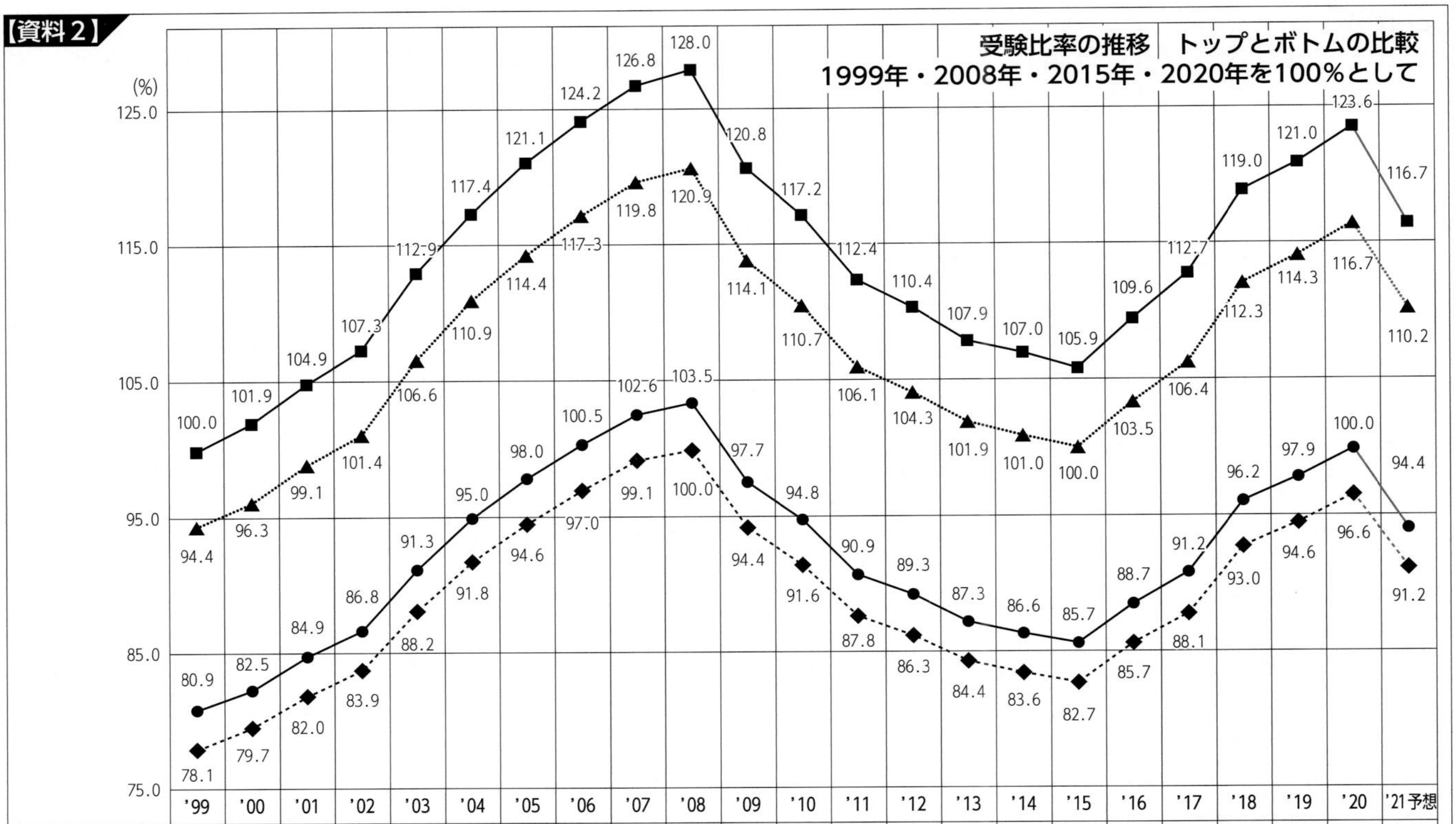

	'99	'00	'01	'02	'03	'04	'05	'06	'07	'08	'09	'10	'11	'12	'13	'14	'15	'16	'17	'18	'19	'20	'21予想
受験比率'99を100%	100.0	101.9	104.9	107.3	112.9	117.4	121.1	124.2	126.8	128.0	120.8	117.2	112.4	110.4	107.9	107.0	105.9	109.6	112.7	119.0	121.0	123.6	116.7
受験比率'08を100%	78.1	79.7	82.0	83.9	88.2	91.8	94.6	97.0	99.1	100.0	94.4	91.6	87.8	86.3	84.4	83.6	82.7	85.7	88.1	93.0	94.6	96.6	91.2
受験比率'15を100%	94.4	96.3	99.1	101.4	106.6	110.9	114.4	117.3	119.8	120.9	114.1	110.7	106.1	104.3	101.9	101.0	100.0	103.5	106.4	112.3	114.3	116.7	110.2
受験比率'20を100%	80.9	82.5	84.9	86.8	91.3	95.0	98.0	100.5	102.6	103.5	97.7	94.8	90.9	89.3	87.3	86.6	85.7	88.7	91.2	96.2	97.9	100.0	94.4

トも増加したことになります。

　次のボトムとなった２０１５年は１０５・９％で５・９ポイントの増加。次のトップとなった２０２０年は１２３・６％で23・６ポイントの増加。２００８年のトップよりも２０２０年が受験比率増減率が低くなりそうなのは、コロナショックの影響です。つまり、コロナショックがなければ、２０２１年も受験比率は増加し、トップは２００８年の１２８％以上になっていたと思います。

②２００８年（の中学受験比率）を１００％

　２００８年はリーマンショックの影響で翌年から減少し始めたトップの年です。２００８年のトップを１００％とすると、ボトムの１９９９年は78・１％で受験比率は21・９ポイント低かったことになります。ボトムから増加し始めますが、２００４年～２００８年は増加率が次第に減少し始め、２００９年は「リーマンショック」がなくても横ばいの可能性もありました。

③２０１５年（の中学受験比率）を１００％

　２０１５年は大学入試改革の影響で翌年から増加し始めたボトムの年です。１９９９年と２０１５年のボトムを比べてみましょう。２０１５年を１００％とすると、１９９９年のボトムでは、94・４％となっています。

　つまり、小６人口を除外すると、１９９９年はゆとり教育、２０１５年は大学入試改革、ときっかけとなった事項は異なりますが、受験比率の最小値が１９９９年から２０１５年の17年間で、５・６ポイント上がったことになります。受験比率は、長期的には高くなる傾向があるかもしれません。

④２０２０年（の中学受験比率）を１００％

　２０２０年はコロナショックの影響で翌年から減少し始めると予想したトップの年です。２００８年のトップを１００％とすると翌年の２００９年はリーマンショックの影響で、94・４％に急減しましたが、２０２０年のトップを１００％として翌年の２０２１年はコロナショックの影響で同じ94・４％としたわけです。

　もちろん、２００８年と２０２０年では、受験比率の増加割合の勢いが後者の方が強いため、２０２１年

資料3

学校ランク別　受験者数前年対比推移

学校ランク		'10/'09	'11/'10	'12/'11	'13/'12	'14/'13	'15/'14	'16/'15	'17/'16	'18/'17	'19/'18	'20/'19	'21/'20予想
	A	92.9%	102.2%	96.6%	100.3%	94.6%	103.5%	99.8%	99.0%	102.9%	102.8%	100.8%	96.3%
	B	93.0%	99.3%	93.1%	95.4%	102.0%	100.3%	100.9%	98.6%	104.1%	100.3%	101.7%	96.5%
	C	98.9%	103.2%	103.2%	96.4%	103.3%	107.3%	96.4%	104.4%	101.0%	103.0%	104.4%	102.6%
	D	89.2%	102.0%	96.7%	96.9%	98.0%	103.3%	98.8%	101.2%	104.6%	114.6%	108.4%	92.6%
	E	88.5%	96.9%	93.8%	90.0%	92.6%	101.8%	96.7%	97.6%	93.6%	103.6%	104.2%	91.8%
	F	83.9%	85.0%	86.6%	95.7%	95.0%	96.9%	90.8%	99.3%	97.0%	105.4%	107.0%	87.0%
	G	83.8%	85.6%	84.3%	86.2%	89.2%	78.1%	97.6%	93.8%	97.6%	105.4%	110.4%	87.0%
	H	86.5%	87.4%	90.8%	93.4%	91.3%	105.3%	93.7%	93.9%	99.8%	106.3%	102.4%	89.8%
	合計	90.7%	97.1%	94.8%	95.4%	97.3%	102.2%	97.5%	99.6%	101.2%	104.4%	104.2%	94.1%

●受験者数前年対比の表示：受験者数が比較的多い　前年対比が100%以上　例：102.7%
受験者数が比較的少ない　前年対比が90%未満例　例：88.4%
●学校ランク：四谷大塚偏差値　A65以上、B64～60、C59～55、D54～50、E49～45、F44～40、G40未満、Hは非エントリー

【資料4】

学校ランク別　受験者数増減率推移

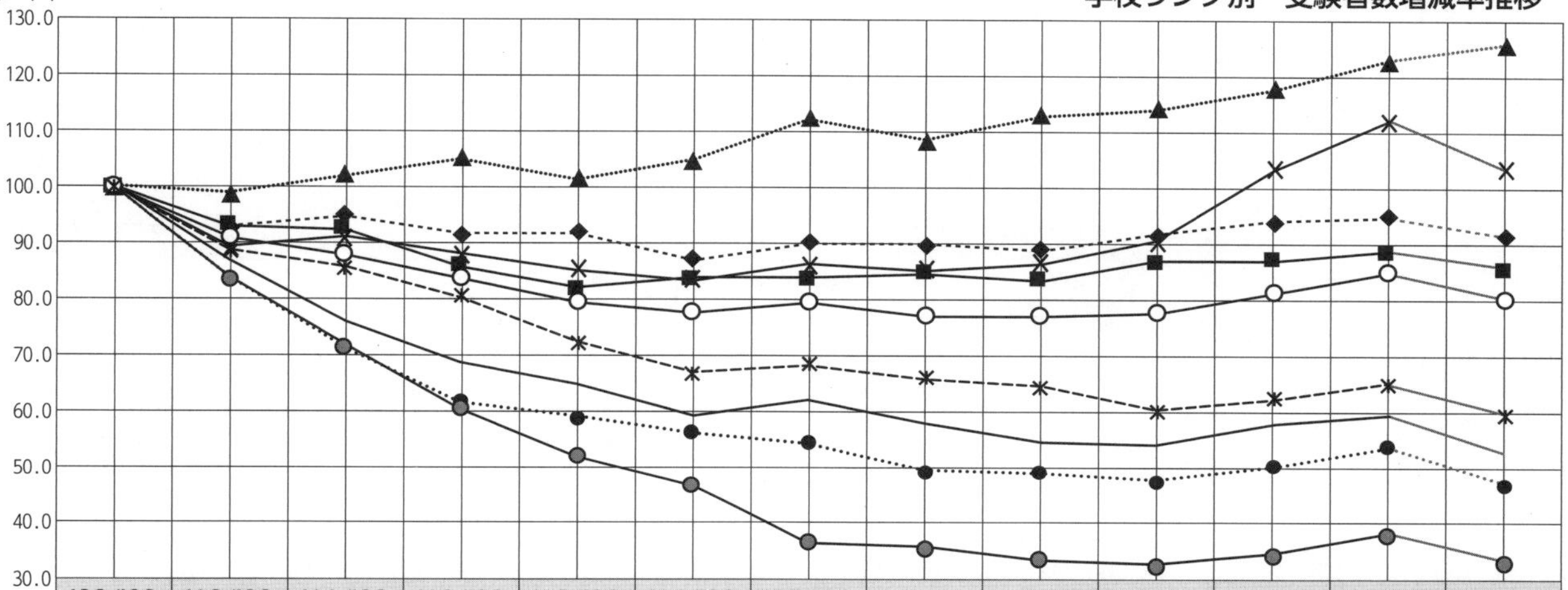

		'09/'09	'10/'09	'11/'09	'12/'09	'13/'09	'14/'09	'15/'09	'16/'09	'17/'09	'18/'09	'19/'09	'20/'09	'21/'09予想
--◆--	A	100.0%	92.9%	95.0%	91.7%	92.0%	87.0%	90.0%	89.8%	88.9%	91.5%	94.1%	94.9%	91.4%
―■―	B	100.0%	93.0%	92.4%	86.0%	82.1%	83.7%	83.9%	84.7%	83.5%	87.0%	87.2%	88.7%	85.6%
····▲····	C	100.0%	98.9%	102.1%	105.4%	101.5%	104.9%	112.6%	108.5%	113.2%	114.4%	117.9%	123.1%	126.3%
―×―	D	100.0%	89.2%	91.0%	88.0%	85.3%	83.6%	86.4%	85.4%	86.4%	90.4%	103.5%	112.2%	103.9%
―✳―	E	100.0%	88.5%	85.7%	80.4%	72.4%	67.0%	68.2%	65.9%	64.4%	60.3%	62.4%	65.0%	59.7%
····●····	F	100.0%	83.9%	71.3%	61.7%	59.1%	56.1%	54.4%	49.4%	49.1%	47.6%	50.2%	53.7%	46.7%
―●―	G	100.0%	83.8%	71.8%	60.5%	52.2%	46.6%	36.4%	35.5%	33.3%	32.5%	34.2%	37.8%	32.8%
――	H	100.0%	86.5%	75.6%	68.7%	64.1%	58.5%	61.6%	57.7%	54.2%	54.1%	57.5%	58.9%	52.9%
―○―	合計	100.0%	90.7%	88.1%	83.5%	79.7%	77.5%	79.2%	77.2%	76.9%	77.8%	81.3%	84.7%	79.7%

●表示：受験者数が比較的多い　：'09を100%とした増減率が90%以上　例：98.6%
受験者数が比較的少ない：'09を100%とした増減率が70%未満　例：68.2%
●学校ランク：四谷大塚偏差値　A65以上、B64～60、C59～55、D54～50、E49～45、F44～40、G40未満、Hは非エントリー

は94・4%よりも少なくなる可能性があります。

4 分析要素による2021年入試の詳細予想

リーマンショック直後の分析要素をもとに、受験者数前年対比と受験者数増減率の推移から、各分析要素内訳の予想値を算出し、グラフにしました。

減少率は不明ですが、それほど大きくはずれないと思いますし、リーマンショックでの減少傾向はコロナショックでも変わらないはずです。志望校の属する分類により受験者数の減少傾向が予想できます。

(1) 学校ランク別 【資料3・4】

【資料3】は、学校ランク別に受験者数前年対比推移を表したもので、**【資料1】**の2009年中学受験比率、2021年小6人口予想などから、2021年予想受験者数前年対比合計も計算しています。

予想受験者数前年対比はリーマンショック直後の増減率を参考にして作成しており、現在とリーマンショック直後では、状況が異なるため予想が適切かどうかわかりません。しかし、受験者数が多いときはランク

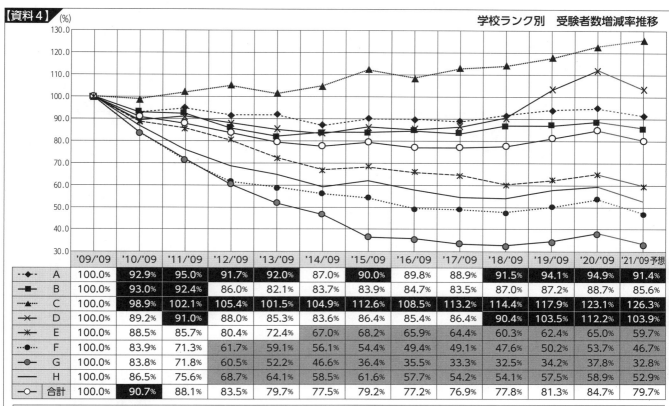

【資料5】　所在地別　受験者数増減率推移

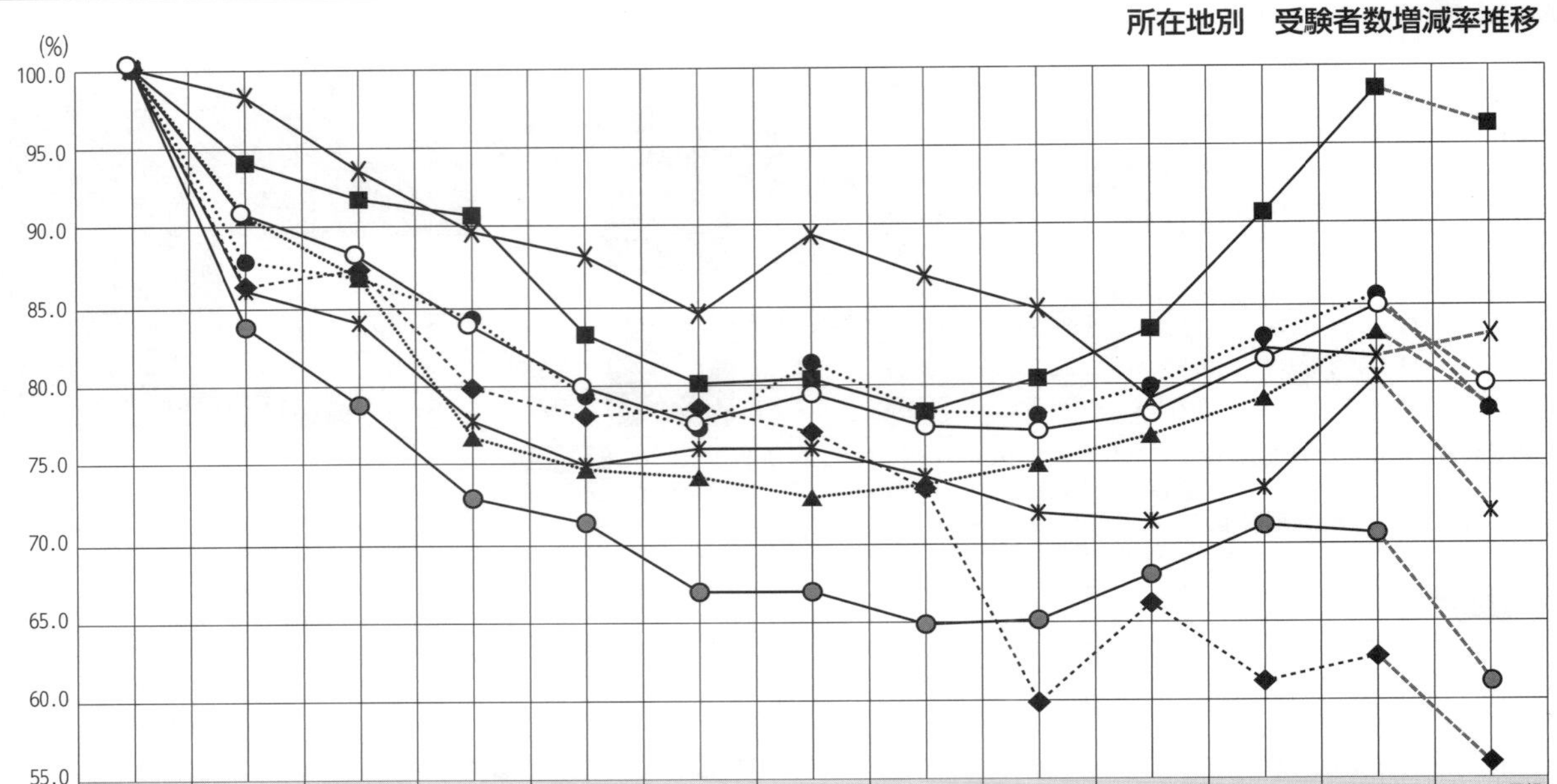

	'09/'09	'10/'09	'11/'09	'12/'09	'13/'09	'14/'09	'15/'09	'16/'09	'17/'09	'18/'09	'19/'09	'20/'09	'21/'09予想
茨城	100.0%	86.5%	87.3%	79.9%	78.1%	78.5%	77.0%	73.3%	59.9%	66.1%	61.1%	62.7%	56.2%
埼玉	100.0%	94.0%	91.8%	90.6%	83.3%	80.2%	80.4%	78.2%	80.5%	83.5%	90.6%	98.6%	96.2%
千葉	100.0%	90.8%	86.8%	76.7%	74.8%	74.1%	72.9%	73.6%	74.9%	76.7%	79.2%	83.3%	78.5%
神奈川	100.0%	98.2%	93.7%	89.6%	88.0%	84.5%	89.4%	86.8%	84.8%	79.2%	82.1%	81.6%	83.1%
北東部23区	100.0%	86.1%	84.0%	77.7%	74.9%	76.1%	75.9%	74.2%	71.7%	71.4%	73.2%	80.4%	71.9%
北東部以外の23区	100.0%	87.9%	87.0%	84.4%	79.3%	77.3%	81.3%	78.3%	78.1%	79.8%	83.0%	85.7%	78.1%
多摩地区	100.0%	83.6%	78.9%	72.7%	71.3%	67.0%	66.9%	64.7%	65.0%	68.1%	71.0%	70.5%	61.2%
合計	100.0%	90.7%	88.1%	83.5%	79.7%	77.5%	79.2%	77.2%	76.9%	77.8%	81.3%	84.7%	79.7%

の高低で減少率が異なることはこれまでの分析でも明確です。

【資料3】の「'21/'20予想」受験者数前年対比のデータを受験者数増減率のグラフに埋め込みました**【資料4】**。合計では5・9ポイントの減少となります。コロナショックの影響がどの程度になるかによりますが、リーマンショック程度ならば**【資料4】**のような予想です。Cランク（お試し受験が多い）を除き、全般的に減少しているものの、中下位ランクの減少率が高いことがわかります。

(2) 学校所在地別【資料5】

学校所在地別の2021年予想は学校ランク別同様、リーマンショック直後の増減率を参考にして算出しました。リーマンショック直後に受験者数の増加した神奈川と減少した茨城・北東部23区・多摩地区と同じ現象がコロナショックでも起こるのであれば、地域としての特徴となるでしょう。

2017年以降は増加傾向だった所在地が多かったのですが、**【資料5】**受験者数増減率推移を見ると、明らかにいっせいに減少しているのがわかります。これは、リーマンショック直後のイメージとも一致します。なお、学校所在地ごとに傾向があり、線が交わることは少ないようです。

※北東部東京：北、板橋、足立、葛飾、荒川、台東、墨田、江東、江戸川（区）

(3) 学校種別【資料6】

学校種別も、2021年予想受験者数前年対比はリーマンショック直後の増減率を参考にしています。当時男子校は受験者数の減少が少なく、反対に女子校は減少が大きかったため、コロナショックにおいても、そのような予想としています。

男子校の減少が少ないのは、男子校は学校ランクの高い学校が多いため、好況・不況にかかわらず受験する層が多いことが理由ではないでしょうか。一方女子校は不況に弱いという感覚がありますので、このような結果になったとしても違和感はありません。

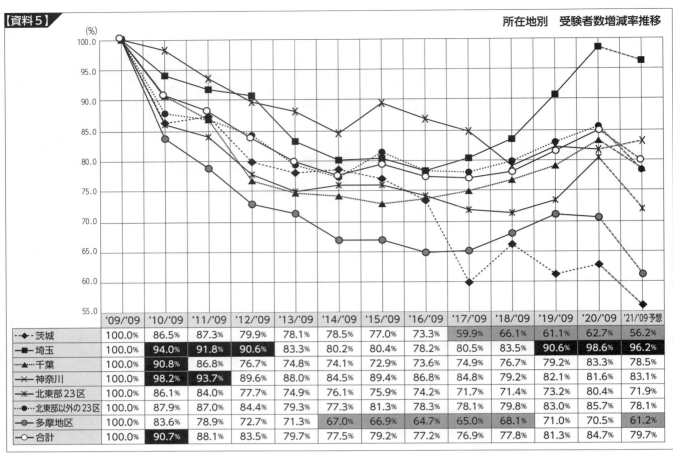

(4) 付属・進学・半付属別【資料7】

付属・進学・半付属別の2021年予想は、ほかのグラフと同じくリーマンショック直後を参考にしていますが、半付属は昨年大幅に増加したので、その勢いが2021年も継続する可能性があります。

　2018年からは、付属校と進学校は合計と同じ増減の推移となっているので、2021年予想にそれほど大きな差異はないと思います。問題は半付属ですが、2020年の前年比が高かったことからその傾向が続くことで、2021年は予想よりも減少は少ないかもしれません。

(5) 私立・国立・公立別【資料8】

最後に、私立・国立・公立別の2021年予想受験者数予想を見ていきましょう。

　こちらもリーマンショック直後の増減率を参考にしていますが、2013年からは、私立と国立は同じような推移となっているので、2021年の予想もそれほど大きな差異はないと考えています。

　問題は公立ですが、茨城の公立中高一貫校新設の影響で、2021年予想よりも実際の減少は少ないかもしれません。

【資料6】 学校種別　受験者数増減率推移

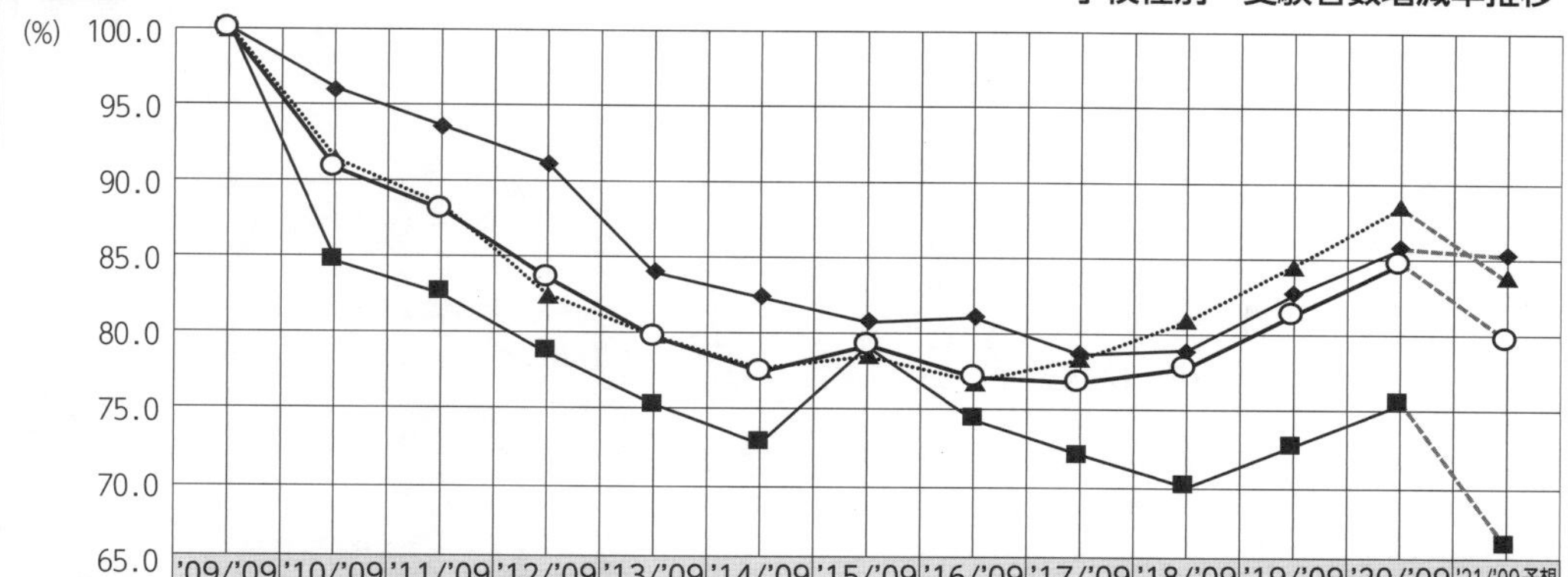

	'09/'09	'10/'09	'11/'09	'12/'09	'13/'09	'14/'09	'15/'09	'16/'09	'17/'09	'18/'09	'19/'09	'20/'09	'21/'09予想
◆男子校	100.0%	96.0%	93.5%	91.2%	84.0%	82.4%	80.8%	81.1%	78.7%	78.9%	82.7%	85.7%	85.3%
■女子校	100.0%	84.6%	82.5%	78.7%	75.3%	72.8%	79.2%	74.4%	72.1%	70.0%	72.7%	75.5%	66.3%
▲共学校	100.0%	91.4%	88.4%	82.4%	79.9%	77.6%	78.5%	76.8%	78.4%	80.9%	84.6%	88.5%	83.9%
○合計	100.0%	90.7%	88.1%	83.5%	79.7%	77.5%	79.2%	77.2%	76.9%	77.8%	81.3%	84.7%	79.7%

【資料7】 付属・進学・半付属別　受験者数増減率推移

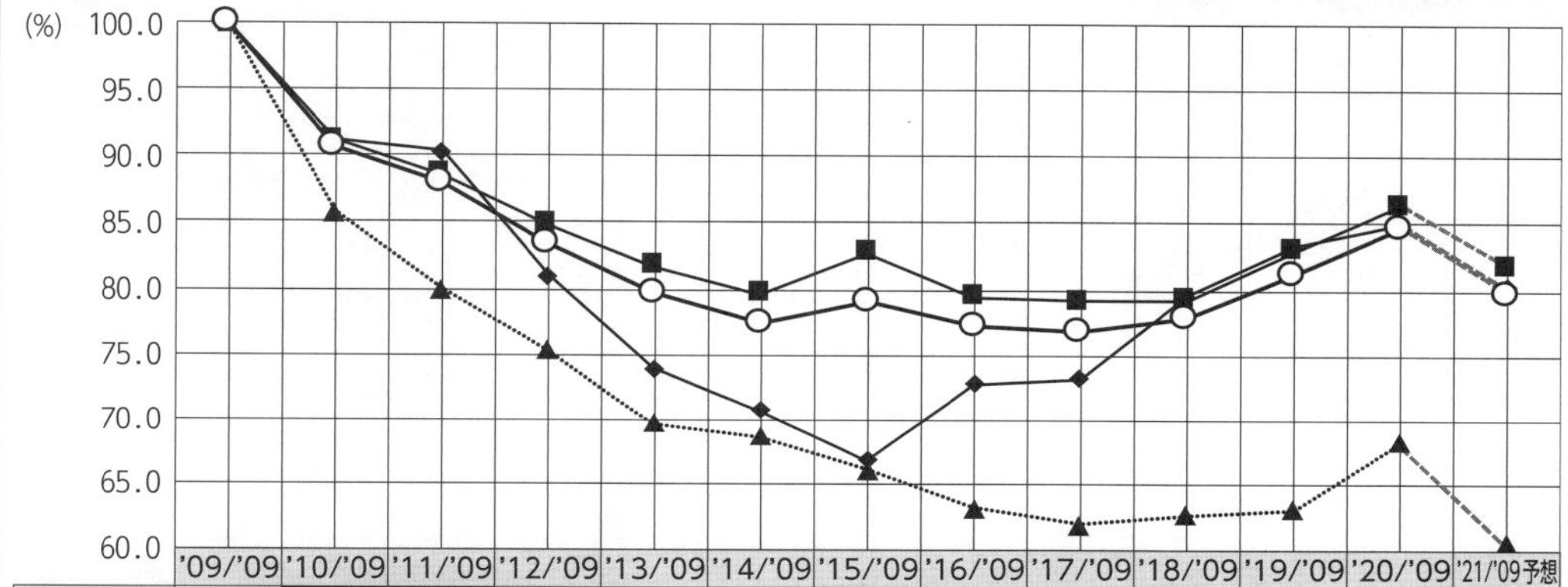

	'09/'09	'10/'09	'11/'09	'12/'09	'13/'09	'14/'09	'15/'09	'16/'09	'17/'09	'18/'09	'19/'09	'20/'09	'21/'09予想
◆付属校	100.0%	91.2%	90.4%	81.0%	74.0%	70.8%	66.8%	72.8%	73.2%	79.5%	83.3%	84.9%	80.3%
■進学校	100.0%	91.2%	88.6%	84.8%	81.8%	79.6%	82.7%	79.5%	79.2%	79.2%	82.9%	86.4%	81.7%
▲半付属校	100.0%	85.7%	80.0%	75.3%	69.7%	68.7%	66.1%	63.2%	62.0%	62.7%	63.1%	68.3%	60.8%
○合計	100.0%	90.7%	88.1%	83.5%	79.7%	77.5%	79.2%	77.2%	76.9%	77.8%	81.3%	84.7%	79.7%

【資料8】 私立・国立・公立別　受験者数増減率の推移

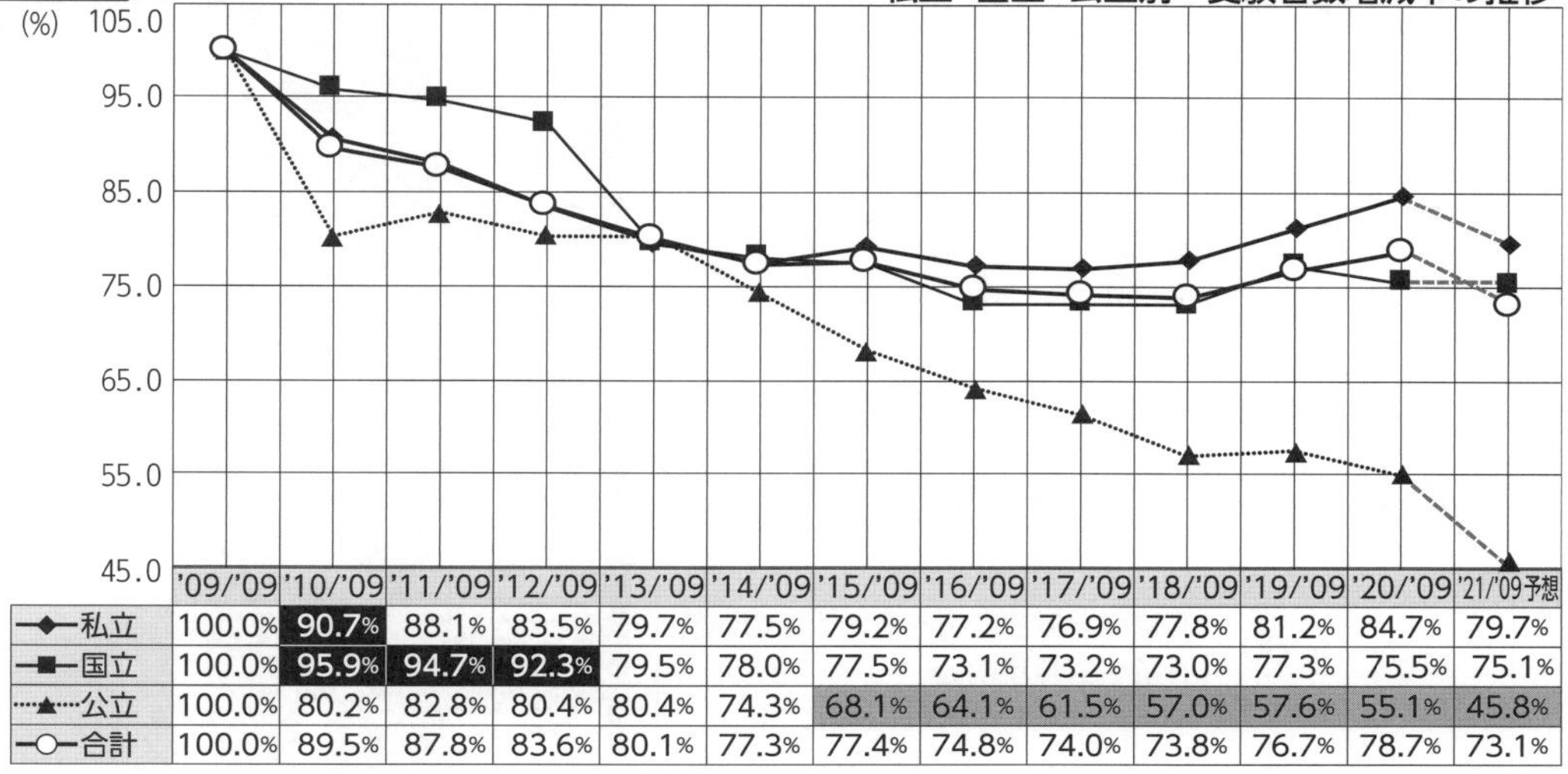

	'09/'09	'10/'09	'11/'09	'12/'09	'13/'09	'14/'09	'15/'09	'16/'09	'17/'09	'18/'09	'19/'09	'20/'09	'21/'09予想
◆私立	100.0%	90.7%	88.1%	83.5%	79.7%	77.5%	79.2%	77.2%	76.9%	77.8%	81.2%	84.7%	79.7%
■国立	100.0%	95.9%	94.7%	92.3%	79.5%	78.0%	77.5%	73.1%	73.2%	73.0%	77.3%	75.5%	75.1%
▲公立	100.0%	80.2%	82.8%	80.4%	80.4%	74.3%	68.1%	64.1%	61.5%	57.0%	57.6%	55.1%	45.8%
○合計	100.0%	89.5%	87.8%	83.6%	80.1%	77.3%	77.4%	74.8%	74.0%	73.8%	76.7%	78.7%	73.1%

●表示：
受験者数が比較的多い　：'09を100%とした増減率が90%以上　例：98.6%
受験者数が比較的少ない：'09を100%とした増減率が70%未満　例：68.2%
●半付属校：系列校大学推薦進学が30%～69%　進学校：同30%未満　付属校：同70%以上

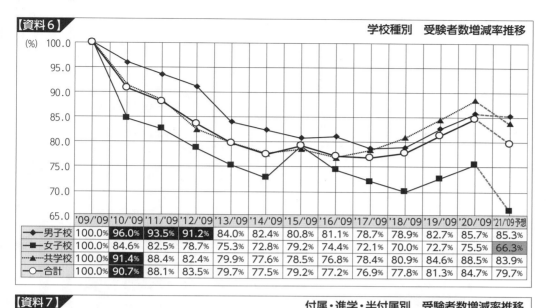

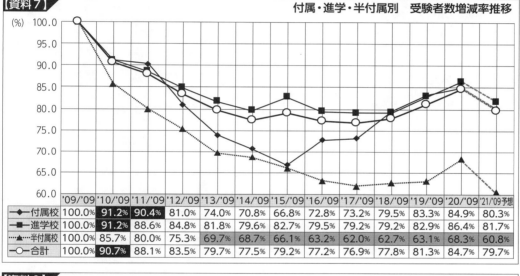

開智未来中学・高等学校

開智学園のICTパイロットスクール
休校中も開校後もより進化した教育実践

3 I'sで国際社会のリーダーを育てる

開智未来は2011年4月、開智中学・高等学校の「教育開発校」をコンセプトに開校し、10年目を迎えました。

開智学園では、「国際社会に貢献する創造型発信型リーダーの育成」を共通の教育理念としています。その実現にあたり、開智未来では、3 I's（探究活動・英語発信力・つなげる知能としてのICT）を教育の柱として、開智未来のモットーである「知性と人間をともに育てる」さまざまな取り組みを実践しています。

学びのスキルを鍛える

開智未来では、関根顧問（初代校長）が開発した「学びのサプリ」の考え方のもと、中学3年間徹底した学びの基盤づくりを行います。

「6つの授業姿勢」（ねらい・メモ・反応・発表・質問・振り返り）、「メモのスキル」、「学び合い」、「思考・論文作成・発表のプロセス」、「英語発信力」などを関根顧問の「哲学」の授業で学びます。

そして、その哲学の授業で身についた「学びのスキル」が身体化し、日常の授業自体が「アクティブ・ラーニング」となり、質の高い授業で生徒の「教科学力と志」を育てています。

長野県飯山での里山フィールドワーク（中１生）

2020年度の探究活動

開智未来では、フィールドワークをはじめさまざまな探究活動を行っています。中学1年は長野県飯山での「里山フィールドワーク」です。ブナ林探究や水中生物探究で40ページのスケッチを完成させ、観察・発見・疑問をつうじて「探究」の基礎を磨きます。中学2年の福島県での「ブリティッシュヒルズフィールドワーク」では、2泊3日間オールイングリッシュにチャレンジします。それらの活動について、今年度は新型コロナの影響で行事の変更を余儀なくされましたが、中学1年は学校に近い自然豊かな渡良瀬遊水地での「渡良瀬フィールドワーク」、中学2年でICTを活用した「オンラインブリティッシュヒルズフィールドワーク」を実施し屈することなく探究活動や英語発信力に磨きをかけました。

さらに高校1年での「才能発見プログラム」では興味関心のある分野について1年間かけて研究します。メンター（師

《2021年度入試 説明会日程》

項目	日程	時間	内容
探究型入試演習	12月 5日(土)	9:45～12:00	思考力と基礎学力を測る入試の演習 保護者対象説明会
４教科型入試解説会	11月23日(月)	9:30～12:00	各教科の作問者による入試解説 入試・学校説明あり
	12月19日(土)		

※すべて予約制です。実施１か月前からホームページよりお申込みください。

■2021年度入試日程　募集定員120名（T未来30・未来60・開智30）

	1月10日(日)	1月11日(月)	1月12日(火)	1月15日(金)
午前	＜開智併願型＞ 開智中学「先端1」の入試	＜探究1＞ 計算・読解＋探究	＜探究2＞ 計算・読解＋探究または英	＜第2回＞ 4科・3科(国算英)・2科
午後	＜T未来＞ 3科（国・算・理）	＜第1回＞ 2科（国・算）	＜算数1科＞ 算数	

※開智併願型…開智中学の入試で開智未来中学の合否判定ができます。T未来クラス（特待生）と未来クラスを判定します。
※T未来………T未来クラス（特待生）のみを判定します。
※算数1科……T未来クラス（特待生）と未来クラスを判定します。

オンラインブリティッシュヒルズFW（中2生）

匠）として1人の教員が1年間指導にあたるなど、「共育：ともに育つ」の精神も開智未来の特色です。

世界水準の思考力と英語発信力

今年度は中止となりましたが、探究活動の集大成である高校2年の「ワシントンフィールドワーク」（全員参加）では、スミソニアン博物館での自由研究や現地の大学での講義などを体験します。また、その事前調査や研究成果について、タブレットを用いながら英語で発表するという取り組みを行っています。

その代替として、今年度は、高校2年はSDGsの取り組みをテーマに、英語のレポートや英語でのプレゼンテーションにチャレンジする取り組みなどを行っています。

つなげる知能・ICT活用

加藤友信校長は、文部科学省からも表彰を受けた情報分野の第一人者です。開智未来では、2017年度入学生よりタブレットを段階的に導入し、現在は、在校生全員がタブレットを所有しています。日常の授業だけではなく、課題の指示や提出、探究活動の研究・発表、学校からの連絡事項など、学校生活に幅広く活用されています。

特に今回の新型コロナにおける休校期間中では、朝のホームルームや健康観察をはじめ、3か月間で2360本のオンライン授業動画を配信するなど、在校生からも高い評価を得ています。

加藤校長も自ら情報教育に関わる

少数制だからできる 一人ひとりの進路希望実現

開智未来は、募集定員1学年120名（高校募集含めて200名）と少数制で、「一人ひとりを丁寧に育てる」をモットーに、開校以来、毎年、進学実績を伸ばしています。高校3年次には、難関理系文系・国立理系文系・私立理系文系と進路希望別の6コースで選択授業を行うなど、きめ細かな進路指導に定評があります。

2017〜2019年度の3年間の卒業生（509名）を見てみると、東京大学をはじめとした国公立大学へ110名、早慶上理ICUに106名の合格者をだしています。

来春、医系コース（高2から選択）1期生が卒業するため、今後、さらに難関大学への合格者が多数輩出されることが期待されています。

3つの入試から入学後まで個々の強みに対応

目白研心《めじろけんしん》中学校

共学校

学校説明会 要予約
12月 3日(木) 10:30～ 1月 9日(土) 10:30～
入試説明会 要予約
12月20日(日) 9:30～

※新型コロナウイルス感染症の拡大により、中止、もしくは変更になる可能性があります。実施の有無はホームページでご確認ください。

受験生それぞれの強みに対応した入試を用意する目白研心中学校。今回は、同校が実施する3つの入試についてご紹介します。

●所在地：東京都新宿区中落合4-31-1 ●TEL：03-5996-3133 ●アクセス：西武新宿線・都営大江戸線「中井駅」徒歩8分、都営大江戸線「落合南長崎駅」徒歩10分、地下鉄東西線「落合駅」徒歩12分 ●URL：https://mk.mejiro.ac.jp/

国公立大学および早慶上理などの難関私立大学をめざす「特進コース」、学習とクラブ活動にバランスよく取り組む「総合コース」、英語に特化した「Super English Course（SEC）」と、個性の異なる3つのコースを用意し、生徒の自己実現をかなえる目白研心中学校（以下、目白研心）。近年、大学合格実績を伸ばしている学校です。

今回は、そんな目白研心の3つの入試についてみてみましょう。

英語スピーチ入試

英語スピーチ入試では、あらかじめ与えられたテーマについて書いた原稿を事前に提出、入試当日にスピーチを行います。スピーチ後は、英語での質疑応答にのぞみます。昨年度のテーマは「誇りに思うこと」「自分の長所と短所」でした。

「すでに一定の英語力を持った受験生にとってはその強みをいかせる入試です。そして本校は『SEC』以外からも英検1級取得者や海外大学合格者がでるなど、コースにかかわらず高い英語力を身につけられる学校ですから、入学後、さらに英語力を伸ばせるはずです」と齋藤圭介教頭先生は話されます。

算数特別入試

英語教育が充実しているイメージが強い目白研心ですが、近年、理系学部への進学者も増えており、今後さらに理数教育に力を入れようと、2021年度入試から算数特別入試を新設します。

「算数好きの生徒が入学し、英語に強い興味を持つ生徒と交流することで、互いに刺激しあえると考えています」（齋藤教頭先生）

入試では、いくつかのフレーズが与えられ、そのフレーズを使って作問し、自ら解答するといった正解がひとつではない出題などがなされる予定です。「単純に正解、不正解で判断するのではなく、受験生がどう考えたか、その力を見ていきたいと思います」と齋藤教頭先生。

適性検査型入試

従来から行われている適性検査型入試は、2021年度入試よりリニューアルされます。都立富士高校附属中学校と都立大泉高校附属中学校に傾向を合わせ、Ⅰ・Ⅱ・ⅢまたはⅠ・Ⅱから選ぶ形式となります。

「適性検査型入試を経て入学する生徒は、柔軟な考え方ができる生徒が多く、のちのち学力がぐっと伸びる傾向があるので、力試しのためだけではなく、ぜひ本校に入学してほしいですね」（齋藤教頭先生）

◇

このほか、目白研心では海外オンライン帰国生入試や、各入試でトップの成績をとった生徒を、3年間、特待生として認定することを予定しています。生徒個々の強みに対応した入試を用意し、入学後、その強みをさらに伸ばすための教育環境を整えている学校です。

2021年度入試概要

日程		2月1日(月)		2月2日(火)		2月3日(水)	
定員		70名		20名		10名	
午前	8:30集合	第1回 2科(国算)	第1回 適性検査型 (Ⅰ・Ⅱ・Ⅲ) または (Ⅰ・Ⅱ)	第3回 2科(国算) 4科(国算社理)	第2回 適性検査型 (Ⅰ・Ⅱ・Ⅲ) または (Ⅰ・Ⅱ)	算数特別	第2回 英語スピーチ
	発表(WEBのみ)	15：00	17：00	15：00	17：00	15：00	
午後	14:30集合	第2回 2科(国算) 4科(国算社理)		第4回 2科(国算)	第1回 英語スピーチ	第5回 2科(国算)	次世代スキル
	発表(WEBのみ)	21：00		20：00		20：00	

受験を成功に導くための 6つの極意 教えます!

今年の受験生、また保護者のみなさんは新型コロナウイルス感染症の影響で、休校、休塾、慣れぬオンライン授業、オンラインによる模擬試験、ままならぬ偏差値の見方と模試各回の推移、短かった夏休み、とりにくい生活リズムなど、これまでになく苦しい受験生活を強いられてきました。

そして、まだ入試当日まで気をぬくことはできません。しかし、だからこそ、達成の日にやってくる感動の大きさ、胸を震わせられるような歓びは、どこのだれよりも大きくすぐれたものになるにちがいありません。どうぞ、ご家族みなさん体調に留意され、そのすばらしい日を迎えられることを願ってやみません。

ここでは、受験当日までに気をつけておきたい「6つの極意」をご紹介します。

[極意] No.1 受験を成功に導きたいなら志望校選択は念入りに行おう

いま選ぶのは合格したら入学する学校

中学受験において大切なことのひとつに、「適切な志望校選び」があげられます。受験生本人が「ここに入りたい」という強い思いを持っている場合をはじめ、すでに第1志望校を決めているご家庭もあるでしょう。

ただ、一般的に中学受験は、併願校も含め複数校を受験します。そしてこの時期は、たんなる「希望校」から「具体的に受験する学校」を選ぶ段階に入っています。

それはつまり、「合格したら入学する学校」を選んでいくということです。その際、「入学後の自分がイメージできるかどうか」という観点を大切にしましょう。なぜなら、その学校で中高生活を送るようすがイメージできれば、それが最後まで走りぬく原動力にもなるからです。本人ともよく話しあい、受験校は早めに決めておきたいところです。

なお、学校選びでは、入試日程や難易度も考慮してください。受験したい学校が複数あっても、同一試験日ならば受験は不可能ですし、過去のデータから判断して、現在の本人の実力とあまりにも差がある学校ばかりを選ぶのは危険です。

偏差値だけに惑わされないで

　過去のデータから判断する、といっても、「偏差値」のあつかいには注意が必要です。偏差値はあくまで入試における難易度を数値で表したもので、「学校の評価」を数値化したものではありません。

　ですから、「偏差値が高い」という理由で安易に選ぶのではなく、学校の雰囲気、学校行事や部活動への取り組み方などにも目を向けましょう。そして、保護者からみてお子さんがその学校に向いているかどうか、受験生本人がその学校で学びたいと思うかなども含め、多様な観点から検討することが大切です。

　各校を比較する際には便利ではあるものの、偏差値はあくまで判断基準のひとつにとどめておく方がいいということを、覚えておいてください。

合格者数か実進学者数かよく確認することが大切

　大学附属校ではない中高一貫の進学校に進もうと考えているご家庭ならば、大学合格実績にも注目しているのではないでしょうか。中高6年を過ごしたあと、卒業生がどんな進路を歩んでいったのか、それを知ることはお子さんが進路を考えるうえでも参考になりますから、気になるのは当然のことです。

　ただし、現在公開されている実績をだしたのは、6年前に入学した生徒です。近年は、大学入試改革の影響や、進むグローバル化に対して、中高の教育内容の見直しを進めている学校も少なくありません。直近の大学合格実績の数字だけにとらわれることなく、各校が現在どんな教育をしているのか、どんなことに注力しているのかを事前にチェックしておくと安心です。

　また、合格実績とともに、1学年の在籍者数も確認してみることをおすすめします。定員の少ない小規模校の場合は、合格者数自体は少なくても、全体の生徒数から考えれば合格率は非常に高いということもありえます。

　合格実績を「合格者数」「実進学者数」のどちらで公表しているかによっても意味がちがってきます。実進学者数は、実際に進学した大学・学部、つまりひとり1大学・学部しかカウントされませんから、合格者数よりも少ない数になります。

　とくに医学部医学科の合格実績は、内訳も詳しく分析しておくことです。多くの場合、国立大学医学部合格者は、私立大学医学部に同時に合格しているので、その両者が合格者数として含まれています。

　そして、「現役進学率」についてですが、現役進学率が高い＝いい学校とは一概にいえません。現役進学率が低いのは、たとえ現役時に合格していた大学があっても、より高い目標を実現するために翌年再度難関大学にチャレンジする生徒が多いから、という場合があるからです。

前向きな気持ちで「第1志望校」をとらえる

　【極意1】の最後に伝えておきたいのは、「第1志望校」に対する考え方です。受験には合否がつきものですから、たとえば受験倍率が2倍の学校を受験した場合、単純に考えると受験生の半分は入学できない計算になります。残念な結果になれば、併願校へ進学することになるでしょう。

　そんなときは、進学する学校が「第1志望」であったととらえてみてください。

　ここまで、多様な観点から各校を比較し、「受験校」を選ぶ重要性をしめしてきました。そうして選んだ学校は、「合格したら入学する学校」として、それぞれ魅力的だと感じる部分があったと思います。それを思いだすのです。もちろん第1志望校に合格できるのがいちばんですが、もしもそれがかなわなかったとしても、「ここが第1志望だった」と前向きな気持ちで併願校に進学すれば、充実した日々を送れるはずです。

［極意］No.2 勉強だけではなく、心身を健康に保つことにも留意しよう

「あと○○日」をプラスに考える

この時期になると、塾では、「入試まであと○○日」などとカウントダウンが始まります。しかし、焦る必要はありません。合格のためにできることはまだまだたくさんありますから、お子さんにもそうアドバイスしてあげてください。

個人差はありますが、これまではのんびりしていたお子さんも、少しずつ受験生としての自覚が芽生えてくることでしょう。いよいよ受験が現実的なものとしてとらえられるようになると、「最後までがんばろう」と前向きな姿勢で勉強にも取り組むようになってきます。

そうして積極的に勉強に取り組むことは、生活全般にわたっていい影響をもたらし、勉強以外のことに前向きに取り組むことにもつながります。とはいってもそうした姿勢は小学生のうちから簡単に身につくものではありません。中学受験に挑戦したからこそ、自然と身についていくものなのです。

このように、厳しい受験をとおして得られることも多くあります。「もう○○日しかない」ではなく、「あと○○日もある」とプラス思考でとらえ、いまできることを一つひとつこなしていきましょう。

学習の密度と効率に重きをおいてみて

入試本番が近づけば近づくほど、勉強にも熱が入り、つい夜遅くまで机に向かう受験生もいるでしょうが、オーバーワークで体調を崩し、思うように勉強に取り組めなくなれば、さらなる焦りを生むことにもなりかねません。無理は禁物です。

ただし、受験生本人はどうしても気づきにくい部分もあるでしょうし、自分で自分をコントロールするのもむずかしいでしょう。そこで保護者のかたの出番です。お子さんが睡眠をしっかりとっているか、体力的に無理をしていないかということに気を配り、お子さんが無理しすぎるのを防ぎましょう。

いくら夜遅くまで長時間勉強したからといって、それが確実に結果につながるともかぎりません。とくにこの時期は、学習時間の「長さ」よりも学習の「密度」「効率」に重きをおくべきです。

かぎられた時間のなかで、いかに効率よく密度の濃い学習を進められるか。新しい知識を獲得する「インプット」よりも、すでに学んだことを必要に応じて使っていく「アウトプット」を重視した学習に力を入れながら、入試本番で得点できる力を培っていきましょう。

受験生を励まし支えてあげてほしい

かならず合否どちらかに分かれるのが受験の厳しいところです。受験生はそれぞれ自分の合格を信じて努力を重ねていますが、一方で「合格できるだろうか…」と不安を感じてしまうのは当たり前のことです。そうした不安は、プレッシャーとなって彼らにのしかかってきます。

受験勉強は、「これだけやったから大丈夫だ」と判断できる基準がありません。むしろ、真剣に取り組むからこそ、不安やプレッシャーが大きくなることもあります。まだ小学生のわが子がそうした不安やプレッシャーに耐えているのを近くで見ているのは、保護者のかたがたにとってはつらいことだと思います。

しかし、プレッシャーに真正面から立ち向かうことができれば、それを「学力を伸ばす力」に変えていくことも可能です。ですから、保護者のかたは、真剣に勉強したからこそ不安になること、そうした不安を抱えているのはみんないっしょだということを受験生に伝えて励まし、近くで支えてあげてください。

体調管理はもちろん歯の状態も要チェック

そして、中学受験を乗りきるために最も重要視しなければならないのが、受験生本人と家族の体調をしっかりと管理して、健康な状態を維持することです。

寒さの厳しい冬になると、風邪やインフルエンザが流行しはじめます。インフルエンザは予防が第一ですから、予防接種は、家族全員が受けましょう。また、帰宅したら手洗いとうがいをすることを家族全員が習慣づけておくことも大切です（病気の予防については60ページからのコーナーも参照してください）。

なお、新型コロナウイルス感染症を予防するために、インフルエンザ予防に加えて細心の注意を払うことはもちろん大切なのですが、神経質になりすぎて、家庭内の雰囲気までが暗くなってしまうようでは逆効果です。あくまで、明るくコロナ禍とも戦いましょう。もしものときも私立中各校は、追試験の準備を進めてくれています。

さらに、見落としがちな歯の健康にも気を配りたいものです。風邪などとちがって、虫歯は自然治癒《ちゆ》することはありえません。それに、いまはとくに異常がないように思えても、入試直前、急に虫歯が痛みだし、思うように力が発揮できなくなってしまうかもしれません。それを防ぐためにも、なるべく早めに歯科医院を訪れて、一度検診を受けておくと安心です。

もしそこで虫歯が見つかって治療を進めることになった場合は、あらかじめ入試日程を先生に伝えて、適切な治療をお願いしましょう。

日程の整理に役立つ「合格カレンダー」

冒頭で述べたとおり、中学受験は併願校を含めて複数校受験するのが一般的で、近年その数は平均で3～5回といわれています。それぞれの入試は、出願日、出願方法が異なるため、受験校が多ければ多いほど、スケジュールが錯綜《さくそう》してくることが予想されます。

ほかにも、当日のつき添いはどうするか、合格発表日や入学手続き締め切り日はいつかなど、入試に関する重要な事項はたくさんあります。

そこで、そうしたいろいろな情報をまとめた一覧表をつくっておくと便利です。

これを「合格カレンダー」として、情報を1カ所にまとめて整理し、家族全員で共有しておけば、混乱することなくスムーズに受験を進めていけるはずです（「合格カレンダー」については、67ページから詳しく説明しています）。

［極意］No.3 「入試問題解説会」を有効活用していこう

学校の雰囲気を知る絶好の機会

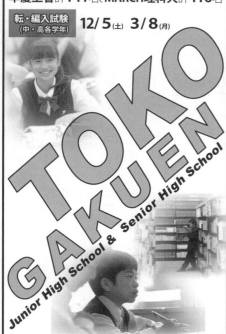

名称は各校によって異なりますが、ここ数年、12月から1月にかけての直前期に「入試問題説明会」を実施する学校が増えてきました。これは、自校の前年度入試問題を教材として、出題のポイントや注意事項といった受験の参考となる内容を各校の先生がたが具体的に解説してくれるという、ぜひ参加したくなるようなイベントでした。

しかし、今年はコロナ禍の影響で、対面の「解説会」は実施しない、とする学校が増えています。まずは各校のHPをよく調べてみましょう。もしも対面での解説会を行わない場合は、それに代わるオンライン解説会などを準備している学校がほとんどです。

開催する場合は、保護者向けの説明会と並行して、受験生向けに入試体験を実施する学校もあります。実際の入試と同じ教室、同じ制限時間内で問題を解くという本番さながらの経験ができるので、模擬試験とはまたちがった臨場感を味わうことができるでしょう。これは入試のシミュレーションとしても大きな意味があるものです。

大半の場合、解答後は先生がたから問題についての詳しい解説がなされます。受験生がおちいりやすい失点部分はどこか、どうすればケアレスミスを防げるのか、どこに部分点が加えられるのか、記述式解答における答えの書き方など、さまざまなアドバイスが受けられます。

さらに解説授業をとおして、入学したらどんな先生が、どんな雰囲気で授業をしてくれるのかを体験することもできます。それがプラスに働いて、「合格したい！」という気持ちが高まり、勉強もいままで以上に力が入るようになったという受験生もいます。

さまざまな確認にもいかすことができる

また、「入試問題解説会」では、大体の合格基準についても説明がなされるため、実際の合格レベルを知ることもできますし、学校への交通手段・所要時間を確認できるという点でも役立ちます。最寄り駅からの経路も含めて再確認しつつ説明会に向かえば、入試本番も落ちついて入試会場に向かえるでしょう。

ただし受験者が多い学校の場合は、学校の校舎以外の施設（別会場）で入試を実施することもあります。その別会場では、試験中に保護者が待機する場所に入りきらないこともありますし、今年は新型コロナウイルス感染症の影響でそもそも待機場所が用意されない可能性もあります。下見の際に、会場近くで待機できる場所はないか、あらかじめ確認しておくといいでしょう。

このように、さまざまなメリットがある「入試問題説明会」。とくに、まだ志望校を決めかねているご家庭は、学校訪問ができる貴重な機会ととらえてじょうずに活用することをおすすめします。

情報収集がまだ不十分だったとしても、説明会でいろいろな情報を入手できれば、そこで得た内容を志望校選択の判断材料にできます。もし受験を検討している学校で開催されるようなら、忙しい時期ではありますが、なんとか予定を調整して参加してください。

［極意］No.4

焦らない・あわてないがモットー 余裕を持って出願しよう

この項では、出願時の注意点をお話しします。

ただ、本誌締め切りまでにすべての学校からは要項が届いていませんが、この春の出願では「窓口での受付は行わず、インターネット出願のみとする」という学校が多くなっていますので、注意が必要です。左ページの「インターネット出願時の注意点」を参考にミスのないように、早めの対応をおすすめします。

また、出願書類そのものも学校窓口での配付は行わず、郵送のみ、またはインターネット上からのダウンロードで、という学校もあります。事前によく確認しておきましょう。

事前に確認しておきたい 入学手続きの方法

出願準備をする前に、まずは各校の入学手続き、とくに費用納入について、学校窓口に納入するのか、銀行振り込み指定か、チェックしておく必要があります。

なぜなら合格発表当日、もしくはつぎの日までに指定の費用を納入しなければならない場合があるからです。合格発表の日程が、受験校同士で重複していたり近かったりして、そのときになってあわててしまわないよう、前述の「合格カレンダー」などで、きちんと整理しておきましょう。

なお現在、銀行ATMでは現金10万円までしか振り込めません。キャッシュカード利用なら一般的な入学金をカバーできる金額を振り込み可能ですが、なるべくなら銀行窓口で振り込みましょう。ふだんお使いの自宅近くの銀行、学校近くの銀行も所在を調べておきましょう。

また、受験可能性がある学校の入学願書は、早めに入手しておくことも大切です。本番が近づくにつれて願書を入手するために動く時間を捻出するのがむずかしくなってきますし、期限ぎりぎりの出願になると思わぬミスを誘発してしまうかもしれません。各校のホームページでは願書の配付方法についての説明が掲載されていますので、それらも参照してください。

学校説明会や各種学校行事の際に手に入れておくのもいいのですが、早い時期の説明会では、新年度の願書が完成しておらず、前年度のものを参考として配付している場合があります。願書の年度表記は学校によって異なりますから、記入前には受験年度の願書かどうか、念入りに確認しましょう。なかには前年度のものだと気づかず記入し、出願時に窓口で書き直したという経験をした人もいます。

出願時の注意点

【紙の願書の場合】

中学受験の願書は、保護者が記入することを前提につくられていて、実際にほとんどの場合、保護者が記入しています。

記入時期は入試が始まる時期にもよりますが、たとえば1月中から入試が始まる学校を受験する場合、年末はとくに忙しくなります。ですから、それより前に願書の記入を終えておくことをおすすめします。入試がそれ以降の日程だとしても、遅くとも出願の1～2週間前には記入が終わっているのが理想です。

可能であれば、記入後の願書のコ

ピーをとっておきましょう。とくに面接がある場合は、内容に関する質問がなされることがあるので、コンビニ、家庭用プリンターなんでもかまわないのでとっておくと安心です。

なお、記入する文字の巧拙は、合否にはまったく関係ありません。正確かつていねいに記入すれば大丈夫ですから、ご自身の字に自信がないかたも安心してください。

【インターネットの場合】

前述のとおり、近年はインターネット出願を導入する学校が増加の一途をたどっており、インターネット出願一本化の学校も少なくありません。出願締切が試験前日の夜ということが多いので、ぎりぎりまで出願を検討したり、急遽出願校を変更したりすることもできます。だれもが便利に思えるでしょう。

しかし、インターネット出願の場合、パソコンやネット環境に不調が生じてしまうと、予定どおりの出願がかなわなくなってしまいます。ルーターが急に故障してしまった、急にネットに接続できなくなったなど、予期せぬトラブルに見舞われないとはいいきれません。

万が一そうした不測の事態におちいったとしても、落ちついて対応するために、とくに入試前夜に出願するときはあらかじめ代替手段を考えておくといいでしょう。

また、インターネット出願では、多くの場合受験料の払い込みがクレジットカード決済となります。使用可能なカードを保有しているかは事前にチェックしておきましょう。

出願書類の保管は学校ごとにがおすすめ

そのほか多くの場合、受験生の顔写真の貼付が求められます。試験中に願書の写真で本人確認がなされるので、メガネをかけている場合はメガネを着用して撮影します。各校とも写真サイズはほぼ同じですから、受験校よりも少し多い枚数を用意し

ておくといいでしょう。

さらに、健康診断書や、小学校の通知表のコピー、在籍小学校からの調査書など、必要書類は学校ごとに異なります。通知表のコピーが必要な場合は、2学期末に通知表をもらってきたらコピーをし、在籍小学校からの調査書が必要な場合は、担任の先生に調査書の発行をお願いします。ただし学年末は卒業を控えて多忙な時期ですから、日程にゆとりを持って、早めにお願いするようにしましょう。

これらの出願書類は、各校とも見た目が似ていることが多いはずです。別の学校の書類が混ざってしまわないよう、保管には細心の注意をはらいましょう。

おすすめは、外から見て内容がすぐわかるように、学校ごとにクリアファイルなどに収納して、決めた保管場所へ置いておくこと。そうすれば、急に必要になったときや、確認したいことがあるときに、すぐに取りだすことができます。

出願後に発行された受験票も、同じく学校ごとに分けて収納し、決めた場所に保管しておけば、入試当日の朝にあわてて受験票を探すこともないでしょう。

受験校へのアクセスが、乗り換えが多く複雑な場合は、事前に検索した経路をプリントアウトして前述のクリアファイルに入れておくのも◎。当日持参すれば迷わずにすみます。

願書記入については、54ページからのコーナーでも詳しく説明しています。参考にしてください。

[極意] No.5 コンディションを調整して万全の態勢でのぞもう

無理せず少しずつ「朝型」へ移行

人間の脳が完全に機能するには、起床後、一定時間待たなければならないことはみなさんも聞いたことがあるのではないでしょうか。

最近では午後入試を取り入れる学校も増えてきましたが、主流はいまでも朝からスタートする入試です。ということは、試験開始時刻から脳が完全に働くように、本番までに生活パターンを「朝型」にしておく必要があります。

現在は、熱心に勉強に取り組むあまり、夜遅くまで勉強をがんばる「夜型」の生活パターンになっているお子さんもいるはずです。人間の身体は、新しい環境や生活パターンにすぐに適応できない面がありますから、できれば1カ月ほどの時間をかけて、徐々に夜型から朝型へ移行していくようにしましょう。

とはいっても、「夜型」から「朝型」へ移行するために、睡眠時間を削ってはいけません。育ちざかりのお子さんにとって睡眠時間は大切ですし、睡眠不足で起床後も眠気が残ると、かえって逆効果となってしまうおそれがあります。

「朝型」への移行のコツは就寝時間を早めることです。夜の勉強時間が短くなると、心配になるかもしれませんが、いまはコンディションを最優先に考える時期に突入しています。

これまですでにたくさん勉強してきた自分を信じて、いまは早めの就寝を心がけましょう。

生活習慣を改める際に気をつけたいのが、「早い時間に起きること」を目的としてしまうことです。本来の目的は、「身体と脳を朝から目覚めさせること」ですから、あまり無理はせず、できる範囲から始めていきましょう。起きたらまずはカーテンを開けて朝日を浴びたり、窓を開けて空気を入れ替えると、脳が目覚めたことを実感できるので効果的です。

また、「朝型」のスタイルが定着してきたら、つぎの段階として、朝から脳を働かせる練習をしていきます。漢字の練習や計算問題、前夜に学習した社会や理科の暗記事項の復習など、短時間でできる取り組みやすいものでかまいませんから、徐々に脳を慣らしていくのです。

入試当日、最大限の力を発揮するためにも、コンディションを万全に保ちつつ、朝から脳のスイッチを完全にオンにする習慣を身につけていきましょう。

受験生となるべく多くのかかわりを持つ

まだ小学6年生という年齢で、合否をともなう厳しい入試に挑戦する受験生のみなさんは、本番が近づけば近づくほど、不安が押し寄せてきたり、過度に反応してしまう場面がでてくるでしょう。しかしそうした感情が生まれるのは、これまで全力でがんばってきた証です。それにそうした経験によって大きく成長できるのが中学受験の持つ教育効果でもあります。

ご家族のみなさんは、受験生が本番まで走りきれるように、受験生特有の心理を理解したうえで、短時間でもいいのでだんらんの時間をつくったり、なるべく家族がそろって食事をしたりと、受験生の心に寄り添っていただきたいと思います。

仕事などが忙しく、いっしょに過ごす時間をとるのがむずかしくても、できる範囲で受験をサポートしていきましょう。たとえば、学校の下見、交通手段の検索・検討、日程表（合格カレンダー）の作成、出願や合格発表の方法確認、パソコンを活用しての情報収集など、なんでもいいのです。

このように、家族全員がチームとして受験生を支える中学受験は、家族の一体感を感じられるまたとない機会です。受験生に弟さんや妹さんがいる場合は、彼・彼女らにとっても、貴重な経験になるはずです。

そして、家族みんなが自分を支えようとしてくれている姿を見た受験生は、それをエールとして受け取り、「みんなが応援してくれているから最後までがんばろう」とやる気がみなぎってくることでしょう。家族全員で受験生を支えるという意識を持って取り組むことが、いい結果にもつながるはずです。合否はもちろん気になりますが、それよりも大切なものがあると考え、ぜひ家族みんなで取り組んでください。

特別なことはせずふだんどおりの生活を

もうひとつご家族のみなさんに心がけてほしいのは、受験直前期といえども特別なことはせず、「いつもどおり」に毎日を過ごしてほしいということです。いよいよ受験本番、とくに最初の入試日の前日は、お子さんもかなり緊張しているはずです。だからこそ、わざわざ学校を休んだりすることなく、ふだんと同じように生活しましょう。

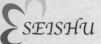

塾に通っていれば、塾の先生に会いにいきたいというお子さんもいるかもしれません。先生からのアドバイスや激励によって緊張がほぐれることもあるでしょうし、なによりそれまでお世話になった先生の顔を見ると落ちつくでしょう。お子さんが望む場合は、授業がなくても塾に行くのもいいと思います。

そして、試験前日の夜は、翌日の持ちものを確認したら早めに就寝しましょう。翌日を意識して気持ちが高ぶりなかなか寝つけなかったとしても、おとなしく布団に入っているうちに、いつのまにか眠りについているはずです。

［極意］No.6 結果よりも過程を大切に前を向いて進んでいこう

当日は時間に余裕を持って出発

この時期は、雪の影響で交通機関に影響がでるおそれがあります。そのため入試当日は、運行状況に気を配りつつ、時間にゆとりを持って家をでるのが得策です。

万が一、公共交通機関が止まってしまった場合は、入試開始時刻を変更するなど、各校ではそれぞれ対応してくれるので安心してください。ただ、こうしたトラブルが起こった際、お子さんひとりで対処するのは負担が大きいでしょうから、できることなら、入試会場へは保護者がつき添うことをおすすめします。そして、お子さんが自分の力を100％発揮してくれることを信じて、明るく送りだしてあげてください。

お子さんの努力は真の賞賛に値するもの

近年、インターネットでも行われることが多くなった合格発表。受験した当日に合否が判明する点で、インターネットでの発表はとても便利です。それに、学校まで赴かなくても自宅で合否を確認できるので、もしも思ったような結果にならなかったときでも、翌日以降の入試に頭や気持ちを切り替えやすいという側面もあります。

まだつぎの試験が残っている場合は、保護者のかたから、あまり終わった結果を引きずらず、気を取り直してつぎにのぞもう、というような声かけをしてあげましょう。そして、すべての入試が終わったあと、残念ながら第1志望校の合格がかなわなかったと落ちこんでいたとしたら、冒頭でもお話ししたように、ほかに合格した学校を「第1志望校」だと考えるようアドバイスしてあげてください。

また、みなさんの合否を塾の先生がたは気をもみながら心配しています。結果がどうであったとしても、塾への連絡も忘れずするようにしましょう。

「中学受験は結果より過程が大切である」といわれています。結果も重要ではありますが、受験に向けて努力を重ねてきた事実は変わりませんし、その努力は、真の称賛に値するものです。受験をとおして大きく成長したお子さんは、受験で得たものを胸にこれから新しい一歩をふみだそうとしています。保護者のみなさんは、お子さんが全力を尽くしたことをしっかり評価してあげてほしいと思います。

ここまで紹介してきた受験を成功に導くための6つの極意はいかがでしたか。ぜひ参考にして、入試本番までのラストスパートを家族全員で乗り越えていってください。みなさんの健闘をお祈りしています。

進化する「三輪田の英語教育」

三輪田学園《みわだがくえん》中学校

School Data〈女子校〉

◆所在地　東京都千代田区九段北3-3-15
◆TEL　03-3263-7801
◆URL　https://www.miwada.ac.jp/
◆アクセス　JR中央・総武線ほか「市ヶ谷駅」徒歩7分、JR中央・総武線ほか「飯田橋駅」徒歩8分

説明会日程　すべて要予約

◆校長と入試問題にチャレンジ
11月14日(土)／12月5日(土)
12月12日(土)
すべて10:00～11:30

◆学校説明会
11月28日(土)12:30～14:00

◆ミニ学校説明会
1月19日(火)10:30～11:30

◆入試説明会 ※6年生対象
12月20日(日)13:30～14:45
1月16日(土)10:30～11:30

三輪田学園中学校（以下、三輪田）は、創立者・三輪田眞佐子が掲げた理念を受け継ぎながら、「誠実で、だれとでも『つながる』ことができ、自らの人生を切り拓いて生きる『徳才兼備』の女性」を育てることを目標として掲げています。

近年は英語教育に力を入れており、2020年度入試から「英検利用入試」を新設、帰国生入試も英語を利用できるタイプを増設しました。そしてこの4月から、英検取得級によって3クラスに分ける新たな英語教育が始まっています。

生徒の力に合わせて3クラス制を導入

三輪田にはすでに英検の級を持ったうえで入学する生徒はいましたが、ほかの生徒同様アルファベットから学ぶため、先生がたはもっと各々の力を伸ばす仕組みづくりをしたいと、ずっと話しあってきたそうです。

「それをかたちにしたのが取得級によってオナーズクラス、スタンダードクラス、アドバンストクラスに分けるシステムです。これならていねいにレベルに合った指導ができますし、それが生徒のやる気にもつながると考えています」と英語科の石上美樹子先生は話されます。

「オナーズクラス」（1クラス）の対象は、英検準2級以上取得者で、中1はネイティブ教員による授業が週3時間、日本人教員による授業が週2時間。検定教科書以外の補助教材も使用し、スピーチやディスカッションなどを取り入れながら、オールイングリッシュで進めます。

同クラスを受け持つケイリー先生が「私の授業のモットーはなんでも話してみよう、です。まずは発言することが大切ですから、『まちがったらだめだ』と萎縮しないよう、伸びのびとのぞめる雰囲気づくりを心がけています。おそれずに挑戦する、むしろ挑戦するのが楽しいと思ってもらいたいです」と話すように、取材時も、先生と生徒が活発に会話をしながら授業を行っていました。

「日本では意見をまとめてから発表しなければならない風潮がありますが、外国では思いついた人から発言することを繰り返して意見を固める手法が多くとられています。オナーズクラスの授業はまさにそうした英語が母国語の国の授業のようなイメージです」と石上先生。

また、オナーズクラスでは、発信力を伸ばすだけではなく、「myOn（マイオン）」というeラーニングサービスを活用して、英語の多読多聴にも注力しています。

一方「アドバンストクラス」（1クラス）には英検3級取得者、および英検利用入試での入学者、「スタンダードクラス」（5クラス）にはオナーズ、アドバンストクラスに該当しない生徒が所属します。前者は週2時間がネイティブ教員、週3時間が日本人教員、後者は週1時間がネイティブ教員、週4時間が日本人教員による授業です。

アドバンストクラスはスタンダードクラスより発展的、しかし基礎もしっかり身につけられるクラスです。オナーズクラス同様、ハイレベルな補助教材も使用しつつ、ペアワークやスピーチなども頻繁に行います。

スタンダードクラスは基礎から着実に積み重ねて、徐々に英語の力を伸ばしていくクラスです。全5クラスのうち3クラスを4分割、2クラスを3分割にした習熟度別少人数クラスで、それぞれの力に応じた教育を実践しています。

なお、3クラスに分かれての授業は中2・中3でも実施し、現・中1が進級する際、オナーズクラスは準2級取

英語授業・海外プログラムの様子

オナーズクラスの授業

アドバンストクラスの授業

オーストラリア留学

イングリッシュキャンプ

カナダ語学研修

マルタ海外研修

得者、および定期考査の上位者が対象となります。

自分の人生を自分で切り拓ける人に

ここ数年、海外プログラムも充実の一途をたどっており、オーストラリアの提携校での留学をはじめ、中2～高2の各学年で多彩なプログラムを用意しています。

今年は新型コロナウイルス感染症拡大防止の観点から中止としましたが、例年、国内の宿泊施設で2泊3日、英語浸けの日々を過ごす「イングリッシュキャンプ」（中2全員参加）や、ホームステイしながら語学研修、地域のかたがたとの交流など盛りだくさんな内容の「カナダ語学研修」、講義をすべて英語で行う国際教養大学（秋田）で学生や留学生と交流しながらさまざまなスキルを高められる「イングリッシュビレッジ」（どちらも中3希望者対象）などが行われています。

昨年からは高1・高2の希望者向けに「マルタ海外研修」もスタートし、来年度から始まる予定の「イギリス語学研修」では、オープンクラスでヨーロッパの国々から集まった学生とともに英語を学習するなど、実践的な会話力を磨けます。

さらに昨年、海外協定大学推薦制度を締結したことで、要件を満たせば、そのままアメリカ、イギリスなどの海外大学に入学することができるようになりました。

このことについて中学教頭の塩見牧雄先生は、「新しく英検利用入試を導入して、一定レベル以上の英語の力を持った生徒を受け入れるのであれば、出口の進路として、海外大学への道も整える必要があると考えました。

本校がめざすのは、『自分の人生を自分で切り拓ける女性の育成』です。そのために英語教育を充実させて、英語の力を身につけることが役立つと考えているので、これからも英語教育に力を入れていきたいです」と話されます。

今回ご紹介した英語教育のほかにも、三輪田では特色ある教育をいろいろと実践しています。石上先生が「英語はもちろん、英語以外の教科も興味を持って学び、多様な人を受け入れる寛容な心を持った生徒を育てていきたいです」と語られるように、周りの人、そして世界との「つながり」を大切に、三輪田はこれからも発展をつづけていくでしょう。

専修大学松戸中学校・高等学校

〒271-8585 千葉県松戸市上本郷2-3621 TEL.047-362-9102 https://www.senshu-u-matsudo.ed.jp/

中学校説明会（要予約）

予 9/18(金)10:00〜

12/12(土) 11:00〜13:00

【ダイジェスト版】 予 12/18(金)10:00〜

★本校の説明会参加が初めての6年生対象

1/10(日) 14:00〜15:00

予＝要インターネット予約（本校HP）

社会情勢の影響もあり、開催に関しては
事前に必ずHPをご確認ください。

インターネット出願実施

令和3年度中学入学試験

■試験科目：3回とも4科目（面接なし）

▶第1回**1/20**(水)〈定員100名〉

▶第2回**1/26**(火)〈定員30名〉

▶第3回**2/3**(水)〈定員20名〉

※第２回入試の定員には、帰国生枠（若干名）を含みます。
　なお、帰国生枠に出願の場合のみ、面接試験があります。
※第２回帰国生入試は、第１・３回一般入試との同時出願が可能です。
※詳細については募集要項をご参照ください。

今日からできる

入試に向けた勉強の仕上げ

受験本番まであと少し。この時期は不安と焦りから、なにをすべきか迷うこともあるでしょう。そこで、当日までの時間管理や勉強のポイントをご紹介していきます。

受験までの残り時間を書きだして管理しよう

受験勉強中のみなさんは、「直前期」「ラストスパート」といった言葉をここのところよく聞くのではないでしょうか。そう聞くと、入試がもう目の前に迫っている気がして焦ってしまうかもしれませんが、それはこの時期であれば当然のことです。

焦るばかりではなく、まずは本番までの「残り時間」がどれくらいあるかを書きだしてみましょう。漠然と「あと○日」のように掲げるのではなく、スケジュール帳やカレンダーを使用すると、ひと目で残りの期間を確認することができます。ここで大切なのは、持ち時間を管理して、いまできることを見つけだすということです。

たとえば、1週間型のスケジュール帳を使用する方法を考えてみます。まずは「睡眠」「食事」「学校」といった、かならず時間を割かなければならない、かつ、受験勉強には使えない時間帯をグレーなどで消してみましょう。

そして、塾の授業など決まっている予定を書きこみます。この時点で、なにも書かれていない部分は好きな色で塗っておけば、自由に使える時間がわかりやすくなります。

やみくもに勉強せずやるべきことを確実に

つぎに意識したいのはやるべきことの取捨選択です。この時期は、気持ちが焦ってあれもこれも取り組みたいと思うかもしれませんが、やったつもりになって中途半端に勉強が終わってしまっては元も子もありません。参考書やテキストを眺めるだけで満足せず、手を動かしたり、声にだしたりしながら進めましょう。

そこでおすすめなのは、これまで受けた模試や、いま繰り返し解いているであろう過去問の復習です。すべてを解き直しておきたいと思いがちですが、よくばることなく「あれはやらない」「これは解き直す」という決断をすることが大切です。

そして、復習する際には「これが最後の機会だ」と思って取り組むことも重要です。必要以上に焦る必要はありませんが、「あとでやろう」と考えていても、その「あと」の時間を取るのがもうなかなかむずかしい時期なのです。やるべきことを冷静に判断し、残りの期間で確実に力を伸ばしていきましょう。

学習を習慣化させて1日の始まりをスムーズに

さきほども述べたとおり、受験生

にとって、入試本番までに残された時間は多くありません。そこで避けたいのは、思いどおりに勉強できず、とくになにもしないまま1日をムダにしてしまうことです。その原因は、「なにをすればいいか考えているうちに時間が経ってしまう」「気持ちが乗らないままなんとなく学習を進めてしまう」などが考えられます。

　そうならないためには、その日の勉強を始める時刻と大体の内容を決めておくのがおすすめです。気をつけるポイントは、①得意教科②単純なもの③短時間（15分〜20分）④手作業をともなう学習の4つ。算数が好きなら計算や1行問題、国語なら漢字などの知識問題、社会や理科なら写真を見て名称を答えるような問題が最適でしょう。

　こうした単純な問題を解くことを根気強くつづけていくと、だんだんと習慣化され、「朝起きて計算問題を解かないと、なんだかすっきりしないな」と感じるようになります。歯磨きや洗顔と同様、毎朝の習慣としてつづけていくことが大切です。1日の始まりを、取りかかりやすい作業からスタートして脳を活性化し、なにもしないまま時間が過ぎてしまった、という事態を防ぎましょう。

　ここまでは学習するうえでの姿勢や方法についてお伝えしてきました。つぎからは、教科ごとに学習のポイントをみていきます。

◉全体像をとらえる

　論説文、物語文とふたつのパターンがある国語の文章問題では、文章の全体像をとらえるのが正確な解答のカギです。

　論説文ではどうやって結論が導きだされているか、その流れを意識して読みましょう。一方、物語文では登場人物（とくに主人公）の心情の変化に注目して読むと効果的です。登場人物のだれをめぐって、なにが起こっているのか、場面が動くところに傍線を引いておくなどすると、内容が整理されて解きやすくなります。

◉暗記ものこそ「ひと工夫」

　漢字やことわざ、熟語などの暗記問題は、ただ丸暗記しようとするのではなく、ひと手間かけて定着させるのがおすすめ。

　これらの語句を何回か書いて練習するだけでは、意味を理解できず、「使える」語彙《ごい》になりません。意味を調べたうえで、その語句を使った例文を考えたり、ほかの言葉に言い換えたりと工夫してみましょう。こうして実際に使える言葉を増やしていくことで、記述力の向上にもつながります。

◉アウトプットして知識を確認

　すでにお伝えしたとおり、この時期から解いたことのない問題集に取り組むなど、なにか新しいことを始めるのは推奨できません。これまでに習ったことが身についているか、知識を自分のものとして使えるかどうかを確認することが重要です。

　たとえば、逆接の接続詞のあとにくる主張に注目しているか、「つまり」や「要するに」につづく、さきに述べたことをまとめた内容に注目し理解しているかなど、授業で教わってきた知識を活用できているかを確かめます。その際には、頭のなかだけでなく実際に書きだしてまとめるなどするとより効果的です。

◉ミスを減らす準備を

　わかっていてもなかなか減らせない算数のミス。とくに計算ミスや問題の読みちがいはだれにでも起こりうるからこそ、減らす努力をするかしないかで大きな差が生まれます。

　まず、計算ミスがめだつ場合は、途中式の書き方を見直してみてください。問題用紙の余白に雑然と書いているのであれば、整頓して縦に書くようにするだけで計算ミスを起こす可能性を減らすことができます。

　問題の読みちがいをしないよう対策をするには、「細切れに読む」ことを意識してみましょう。問題文を細かく区切って読みこむことで、条件の読み落としを減らすのがねらいです。家で解く際は、音読をしてもいいでしょう。

　読み取った内容は、図や表に書きこみながら情報を整理します。塾の先生や保護者のかたにチェックしてもらうと、客観的な意見を得ることができて効率的です。ただし、保護者のかたが確認する際は、まちがいを見つけてもそっと指摘する程度にとどめ、感情的に伝えることのないように気をつけましょう。

◉確実に取るべき問題を正解する

意外と忘れてしまいがちなのが、入試は満点を取らなくてもいいということ。過去問の演習をしていると、どうしてもできない部分にばかり目が行ってしまいますが、それでは自信を失ってしまうことにつながりかねません。

冬休み以降は、「取れるものをきちんと取れればそれでいい」というおおらかな気持ちで取り組むといいでしょう。たとえば、空間図形（とくに切断や回転をともなうもの）・規則性などの分野は対策に時間がかかるため、現時点で苦手としている場合、本番までに間に合わないことも考えられます。

解けないと思ったときはそこで貴重な時間と労力を使うのではなく、自分の得意分野にその分の力をそそいでもいいかもしれません。確実に得点できるところで正解する力をつけましょう。

◉知識のまとまりを意識

知っていれば答えられる知識問題がある一方で、さまざまなことがらの流れや背景を問われることもあるのが社会です。一問一答式の問題ばかりこなしていると、そうした問題に対応できなくなりかねません。知識のまとまりを意識して覚えていくことが肝心です。

地理分野では、地形や気候が産業や暮らしにどうつながっているかを考えましょう。歴史分野では、時代背景・原因→きっかけ→できごと、という流れを押さえます。公民分野なら、制度・仕組みが日常生活や時事的ことがらにどう影響しているかをみておきましょう。

◉記述問題は無理せず

最近の入試問題では記述式の解答が増えており、それは社会でも例外ではありません。解答の際は問題文をていねいに読み、無理して長く書こうとしないことに加え、なにを問われているか（理由・影響・関係など）を把握することを意識します。

また、時事問題が多く出題されるのも社会の特徴です。今年話題になったニュースについて、短い文章にまとめる練習などをしておくといいでしょう。新型コロナウイルス感染症の流行、イギリスのEU（ヨーロッパ連合）離脱、日本の首相が変わり新しい内閣が発足したことなど、ニュースを端的に表すキーワードを知っていると解答の糸口になります。

さらに、地名がでてきたら地図で確認すること、意味のわからない用語はすぐに意味を確認することなどを習慣化しておくと、知識の定着につながりますよ。

◉苦手分野の基礎を復習

理科では、物理・化学・生物・地学の分野から幅広く出題する学校が多く、苦手分野を持っていると点数が伸び悩んでしまいがちです。もし、手も足もでないような分野がある場合には、基礎事項だけでも復習しておき、小問ひとつでも確実に得点できる問題をつくっておきましょう。

その際も前述のとおりよくばりすぎず、きちんと理解し、「使える」知識をなるべく増やしておくイメージで勉強することが重要です。

◉時事ニュースも要チェック

実験問題では、模試や過去問を解いていくなかで、同じような内容の問題に何度かであっているのではないでしょうか。

しかし、見たことがある問題だと感じると思いこみでミスをすることもあるため、記憶に頼らず、そのつど、内容をきちんと確認しましょう。

その一方、生物の名前など、この時期に初めて見るものは、無理してイチから覚える必要はありません。

理科の時事問題においては社会同様、できごとだけでなく関連することがらもいっしょに覚えておくと、得点アップにつながります。自然災害や天体に関するニュースはとくに出題されやすいので、チェックしておくとチャンスが広がります。

親子で乗りきる

入試直前のトラブル

いよいよ中学受験もラストスパートをかける時期。必死で取り組んでいるからこそ、入試直前にはトラブルが起こりがちです。ここでは保護者のサポートが必要になる部分について、エピソードとともにご紹介します。

ほかの記事でも繰り返しお伝えしていますが、入試本番が近づき、いよいよ残された期間もわずかとなりました。多くのお子さんにとって、中学受験というのは、初めての大きな壁になることでしょう。まだ12歳の小学生であるお子さんが受験に挑むにあたって、保護者のかたのサポートは不可欠です。

しかし、保護者とお子さんが力を合わせて挑戦する受験は、これが最後になるかもしれません。大学受験以降は、お子さんはひとり立ちして、自らの力で乗り越えていくはずです。だからこそ、中学受験において親子がいっしょにゴールできたときには、その感慨も非常に深いものとなるにちがいありません。

そのゴールまで、あと少しです。いまは楽しみに待つ余裕はないかもしれませんが、どのような結果になるにせよ、万全の準備をしておくにこしたことはありません。

合格のカギを握る時間やペース配分の意識

エピソード❶

受験を見据えて、家庭でじっくりと勉強をしてきた女の子。入試対策の問題集や過去問に取り組み、お母さんが丸つけをすると、きちんと正解しています。志望校の合格最低点も超えていました。解けるようになるまでしっかりと問題に向きあうお子さんの姿勢をみて、保護者もすっかり安心していたのです。

しかし、そこに大きな落とし穴がありました。塾で行っている志望校別の直前講座に参加したところ、まわりのライバルたちが解くスピードにまったくついていけず、泣きながら帰ってくることになったのです。

家で勉強するときは時間をはからずに解いていたため、いわゆる「捨て問」を見極め、時間配分をシビアに考えなければならないその志望校の問題に対応する力が不足してしまっていました。

勉強のようすをみていたお母さんも、「わが子の性格上、時間をはかるとかえって焦らせてしまう」との思いから、勉強のスタイルを変えずにいたのだといいます。合格最低点を超えるのが早かった分、まわりの受験生より遅れを取っていると気づいたときは、本人のショックも大きかったことでしょう。

受験までのかぎられた時間で対策をするために、まずは現時点で解ける問題、得意な分野を選んで制限時間内に解く練習をしました。とにかく、時間の感覚を身につけることが重要だったからです。

それに加えて、過去問を広げたら

すぐにすべてのページに目をとおし、解けるかどうか判断する習慣づけを行いました。解ける問題には○をつけ、その問題から取りかかるようにしたのです。

最初のうちはたくさんの問題に○をつけていましたが、実際に解いてみると時間内に答えがだせない問題も多く混ざっていました。これまで一生懸命、自分の力で過去問に向きあってきたプライドから、多くの問題を「解ける」と判断してしまっていたのでしょう。

そこで、「解ける」問題には○を、「解けそう」な問題には△をつける方法に変えました。まずは○のついた問題を解き、時間が余ったら△に取りかかることにしたのです。

家庭学習では計算問題やドリルなどを短時間で解く練習を毎日徹底し、単純な問題には時間をかけないという意識づけを行いました。

もとから入試問題に対応するだけの学力を持っていたことが幸いし、入試本番までには、時間内に合格最低点を上回る得点を取れるところまで仕上げることができました。

もしダメだったら？ あらゆる可能性を考えて

エピソード❷

その男の子は、公立中高一貫校を第1志望としていました。ふだんから要領よく問題を解けるタイプで、公立の適性検査問題にもとくに苦手意識はありません。得点は順調に伸びていたため、本人も保護者も落ちついて本番を迎えました。

入試当日も失敗したようすはなく、手応えはバッチリ。本人も保護者も「受かったつもり」で合格発表の日を待っていました。

ところが、結果は不合格。受かると信じこんでいたため、本人のショックははかりしれません。「ぼくは中学をでたら働く。二度と受験はしたくない」とふさぎこんでしまいました。この状態では、とても第2志望である私立中学の入試もうまくいくはずがありません。

公立中高一貫校で採用されている適性検査問題のなかには、おとなでも解き方を思いつけないむずかしい問題も含まれます。解答を導きだすまでの途中計算も長いため、いったん勘ちがいや計算ミスをすると、大きく得点に響いてしまうのです。その難易度の高さゆえに、保護者が勉強面の管理をすべて行うのは困難です。今回のケースも、家庭内での受験に関する話しあいが不十分だったことが原因のひとつと考えられます。

受験するかどうかを決断する前に、もしうまくいかなかったらどうするか、受験したこと自体を後悔しないかなどをしっかりと話しあっておくべきです。

この男の子はその後、不合格だった公立中高1貫校から繰り上げ合格の知らせがあり、無事に第1志望校に進学することができました。しかし、点数開示を行って解き直しをしてみると、計算問題でのミスや問題の読みまちがいがあり、ふだんよりも点数が取れていなかったことがわかりました。本人はその解き直しをとおして初めて、自分のミスを知ることとなりました。

着慣れた服装で落ちついてのぞもう

エピソード❸

制服のない小学校に通っている男の子。入試当日はどんな格好をすればいいのか、保護者も迷っていました。

そこで制服に準ずる格好をしよう、ということでジャケット・セーター・スラックスを購入し、入試当日までしまっておいたのです。

当日、着慣れないジャケットを初めて身につけた男の子は、肩が凝ってなかなか集中できません。ジャケットを脱いでセーター姿で受験をしてもまったく問題なかったのですが、男の子は「だらしなくみえるのではないか」と不安になってしまい、それもできなかったといいます。

受験の際、このような服装のアクシデントはよく起こります。慣れない洋服を長時間着ていることが、思わぬストレスとなってしまうのです。とくに、午後に面接を控えており、かしこまった服装をしている場合などは注意が必要です。

入試の当日は寒さ対策を最優先に、着慣れているものを選ぶようにしましょう。

入試は総合点で判断されるミスをしてもあわてずに

エピソード❹

国語が得意なその女の子は、6年生になってから着々と得点を伸ばし、苦手な算数も合格ラインに届くようになってきていました。本人の胸にも少しずつ自信が芽生え、入試当日は胸を張って会場に向かいました。

しかし当日、算数で大失敗。家に帰ってきたとたん、いままで見たこともないような勢いで泣きだしてしまいました。いわく、「あんなに勉強したのに悔しい。得意の国語も、たくさん練習した面接もうまくできたのに、算数で不合格になったらどうしよう」と。お母さんもどう声をかけていいかわかりません。

順調に解けるようになっていただけにショックが大きかったのでしょうが、つぎの入試は待ってくれません。そこで、入試は総合点で決まるので、国語と面接がうまくいっていれば合格の可能性はまだあるということを、お母さんは話しました。

また、自信を取り戻してもらうためにも、受験までのさまざまな努力について、言葉にしてほめることを繰り返しました。陸上記録会の練習と両立してがんばってきたことなど、受験当日までの過程を思いだし、女の子は少しずつ前向きに。

受験では、問題の傾向が変わったり、難問がでたりと状況が読みにくい場合もあります。そのときは、ほかの受験生も同じようにあわてているはずですから、焦らずに結果を待ちましょう。

この女の子も、結果としては合格しており、算数の得点も合格者の平均点より高かったといいます。

当日の朝にパニック！あわてず冷静に対処を

エピソード❺

その女の子とお母さんはふだんからとてもしっかりしていました。入試の準備は早くから念入りに行っており、受験日のずっと前から持ちものもそろえていました。ところが当日、そこに受験票を入れ忘れて出発してしまったのです。

あわてて取りに帰り、今度は自家用車で試験会場に向かいました。土曜日の早朝で道路がすいており、受付けには間に合いましたが、多くの学校は自家用車での来校を推奨していません。このようなことを避けるためにも、筆記用具と受験票は最低限、当日の朝に確認しましょう。

ただ、今回のケースに関していうと、受験票を忘れてしまっても学校側は対応してくれます。怖いのは、その失敗に気持ちが焦り、顔を曇らせたお母さんを見て、お子さんが不安になってしまうこと。最近はネット出願が増え、受験生側が印刷して持参することも多くなったので、2枚印刷しておき、予備として保護者が持っておくのもおすすめです。

わが子の性格を見極め 適切な声かけを

エピソード⑥

その男の子は、小学5年生のころから志望校が明確に定まっていました。その中学校に進み、地域でも強豪といわれているサッカー部に入りたいという思いからです。

早いうちから志望校がはっきりしていた分、受験までの計画が立てやすく、順調に対策が進められました。保護者にとってもその過程はわかりやすく、問題なく入試に向かっているようにみえました。

ところが、過去問の演習が本格的に始まった秋ごろ、本人が急に「あの学校には行きたくない」と言いだしたのです。

そのおもな原因は、プレッシャーによるものでした。ずっと同じ目標をめざしてきたため、「こんなに早くから対策してきたのに、もしダメだったらどうしよう」という不安にさいなまれてしまったようです。過去問で実践的な演習を行ったことでその気持ちがピークに。

そこで、保護者は本人の勝気な性格を逆手に取り、あえて強い言葉をかけました。「やりたくないのなら受験しなければいいのでは?」「近くの公立中学校に進めばいいよ」と本人の意思に任せる言い方でいさめたのです。すると、男の子はこれに反発し、「やってやる!」とむしろ奮起。その後はますますやる気をだして受験勉強に取り組むことができました。

お子さんの成長こそが 受験をやりとげた財産に

合格発表の日

合格発表のその日。きっとお子さんだけでなく保護者のみなさんも緊張しているにちがいありません。

合格者のなかにお子さんの番号を見つけることができたら、心の底からいっしょに喜びましょう。そして、塾の先生など、受験をサポートしてくれたかたにも報告してあげてください。

苦労することや心配ごとの多い中学受験に対して、マイナスなイメージを抱くかたもなかにはいますが、その挑戦をとおして、お子さんは確実に成長しています。

ひとつの目標に向かってひたむきに努力し、向上心を持って諦めずにやり切ったこと……。こうした経験はかならず、お子さんが新しい段階にふみだす貴重な一歩になることでしょう。

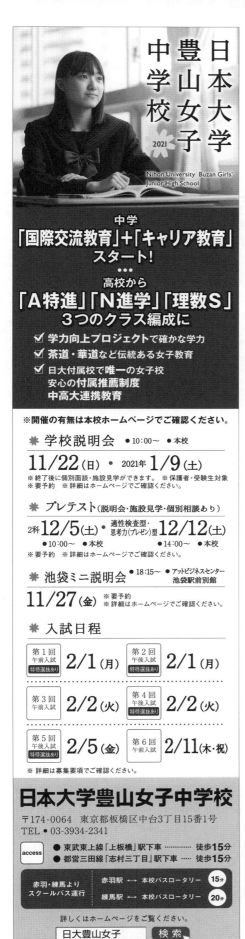

知耕実学

東《とう》京《きょう》農《のう》業《ぎょう》大《だい》学《がく》第《だい》一《いち》高等学校中等部

世田谷の東京農業大学に隣接する東京農業大学第一高等学校中等部（以下、農大一中）。2020年度大学入試では、早慶上理GMARCHに375名の合格者をだすなど、都内でも有数の進学校です。

School Data〈共学校〉
所在地：東京都世田谷区桜３丁目33番１号
アクセス：小田急線「経堂駅」徒歩15分、東急世田谷線「上町駅」徒歩15分、東急田園都市線「桜新町駅」徒歩15分
TEL：03-3425-4481　**URL**：https://www.nodai-1-h.ed.jp/

本物に触れる「体験型の学び」で思考力・創造力を育む

農大一中は、本物に触れ、自ら考えて答えを導きだす「知耕実学」を教育の基本においています。

「畑も耕すと色々な芽がでてくるのと一緒で、知識も耕すと色々な知恵が生まれます。本物を自分の目で見て、手で触って、耳で聞いて、分からないことは自分の体と頭を動かして調べ、考え、自ら知識を耕し、知恵を深めてほしいという願いが『知耕実学』という言葉に込められています」と語る田中越郎校長。

この「知耕実学」の実践が、農大一中独自の「体験型の学び」です。厚木にある専用農場で行う中1の稲作では、専門家に田植えから除草、稲刈りまでの指導を受けます。中2では、大学の先生による講座でお米の大きさやデンプンの形などを分析し、中3では大豆から味噌を作る体験をします。このすべての体験は東京農大の施設や研究室などと提携して行われており、農大一中ならではの高大連携です。

そして中3・3月に実施される課題研究発表が「体験型の学び」の集大成です。各自の興味や関心に基づいて決定したテーマについて、1年間かけて調査・研究し、同級生や下級生、保護者や教員に向けて、ポスターセッション形式でのプレゼンテーションと質疑応答を行います。これまでにサメの研究や自分の名字についての研究などその研究テーマは多岐にわたっており、中3全員の課題研究を日本語と英語の論文にまとめた冊子は圧巻の大作です。

1年間かけて取り組む稲作。事前・事後学習も充実。

次世代キャリア教育で他者を理解し、主体性を育む

2年前から取り入れた次世代型キ

ャリア教育プログラムが思わぬ効果を上げていると語る入試広報部長の川崎剛先生。「このプログラムは、正解のない問いに対して、自ら考え、仲間との議論を通じて他者を理解し、自分の言葉で発信することを目的としています。教員たちも、毎回ディスカッションをするグループを変えたり、クラスを交換して担当したり、学年主任が1人で担当したりと、ファシリテートする力が高まり、授業やクラス運営など、色々な面でプラスに作用しています。もともと自分の意見を主張する生徒が多いのですが、このプログラムでそれがさらに活発になったようです。新型コロナウイルスの影響で始まったオンライン授業ですが、新しい可能性も見いだせました。このプログラムとオンライン授業がマッチして、新しい学びを創造できるのではないかと期待しています」（川崎先生）

どんな困難な状況にあっても常にポジティブに考える農大一中の教員たち。困難な状況ゆえにみんなで研究し、課題を共有し合いながら、新しい形の「体験型の学び」を生みだしていきます。

1年間かけて1つのテーマに関する探究を深めます

「一中一高ゼミ」で知的好奇心を楽しむ

農大一中のもうひとつの特徴的な取り組みとして、「一中一高ゼミ」があります。放課後に実施する学年横断型ゼミで、「知を広げる・知を深める」をテーマに、教員が率先して自分の興味のある分野の講座を不定期に開講します。キャリア教育の一環として始まったゼミですが、部活動や補習・講習がある忙しい放課後の時間をやりくりしながら大勢の生徒が自主的に受講しており、今では生徒自身が知的好奇心を楽しむための不可欠な講座として多面的に展開されています。田中校長も「人体の仕組みと働き」というテーマで、医師としての見地から講座を開講しており、近年、医学部医学科の合格者が増えている背景には、少なからず田中校長の影響があるのではないでしょうか。

現地校の生徒との交流でコミュニケーション力が上がります

クイーンズランド大学への推薦入学制度が始まる

グローバル教育にも力をいれており、希望者を対象とした中3のファームステイを含むオーストラリア11日間、高1・高2のオーストラリアホームステイ3週間の海外研修があります。また、セブ島で行われる2週間の英語特訓が人気で、毎年参加希望者が増加しています。

さらに、2020年度からオーストラリア・クイーンズランド州政府と提携した新しい留学制度がスタートしました。クイーンズランド州が指定する現地校に1年間留学し、所定の単位を取得することで、Group of Eightと呼ばれるオーストラリアのトップ8校の1つ、クイーンズランド大学への推薦入学が認められる制度です。

「これからのグローバル社会では、文化や価値観の違う人たちと共生していかなければなりません。そのためには、自分の考えがすべて正しいと思うのではなく、色々な考えを持つ人がいることを理解したうえで、自分の考えを、自分の言葉で、それも英語で表現することが求められます。ぜひ本校6年間の学びを通して能動的に行動できる人になり、社会で必要とされる人材になってほしいと思います」（田中校長）

学校説明会（予約制）

第4回　12月13日(日)10:00/14:00
第5回　1月10日(日)10:00

2021年度入試日程

第1回　2月 1日(月)午後
第2回　2月 2日(火)午後
第3回　2月 4日(木)午前

入試制度変更します

2月1日入試の試験科目が、「算理」または「算国」の選択制に変わります。詳細はホームページをご覧ください。

世界とつながる私の「みらい」デザイン

麹《こうじ》町《まち》学《がく》園《えん》女《じょ》子《し》中学校

東京都　千代田区　女子校　https://www.kojimachi.ed.jp/

麹町学園女子中学校では、めまぐるしい変化において「しなやかに、たくましく」対応できる「みらい型学力」を身につけ、多様化する社会に自信を持って羽ばたき、そのステージで鮮やかな輝きを放つ女性を育成する取り組みを行っています。

アクティブイングリッシュの取り組みで大きな成果

麹町学園女子中学校高等学校（以下、麹町学園）では、「みらい型学力」を育成するために、「みらい科」「グローバルプログラム」「思考型授業」「アクティブイングリッシュ」という4本柱を置いています。

特に英語については、（財）実用英語推進機構代表理事である安河内哲也氏を特別顧問として迎え、4技能をバランス良く身につけ、本当に使える英語を身につけることを目標に、独自の授業「アクティブイングリッシュ」を展開しています。

この「アクティブイングリッシュ」の導入成果は、英検の結果にも如実に表れています。英語を得意とする生徒が入学する「グローバルコース」では、英検1級の筆記試験に合格者をだしています。また、2科4科受験で入学する「スタンダードコース」の50%は、中1終了時に英検4級以上をすでに取得しています。

ネイティブの教員が常駐する「iLounge」

英語の力で高大連携、「ダブルディプロマプログラム」

この「アクティブイングリッシュ」の取り組みが大学の先生からも評価され、成城大学・東洋大学をはじめとする複数の大学と高大連携を締結しています。従来型の指定校推薦制度の多くは、大学との交流がほとんどなく、大学のことを直接知る機会が少ないのが現状です。そのため、「イメージが良い」「通いやすい」など表面的な理由で大学を選びがちになり、入学後に「思っていたものと違う」と学習意欲を失いかねない面も少なからずあります。そうしたミスマッチをなくすために、麹町学園の高大連携では、学習の一環として、大学を理解するためのさまざまな機会を設けています。そして、高校の評定平均や英検の取得級などの基準に応じて、連携校に進学することも可能になります。

また、2020年度より、アイルランドとニュージーランドの計4つの高校と提携し、「ダブルディプロマプログラム」を導入しました。このプログラムでは、アイルランドまたはニュージーランドの提携校へ麹町学園の生徒が1年間もしくは2年間留学することで、現地高校の卒業資格（ディプロマ）を取得でき、なおかつ麹町学園の卒業資格も得ることができます。

2つの国の高校卒業資格を得ることで、世界の大学への進学をめざすことができ、日本国内の大学への進学の際にも有利な活用ができるプログラムになっています。

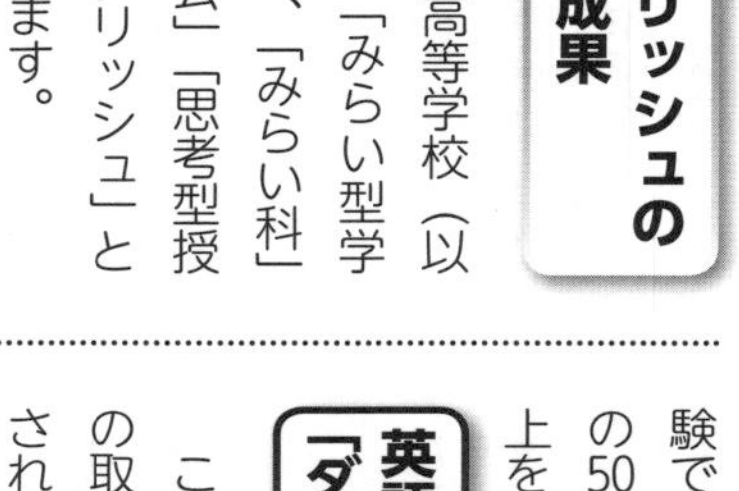

生徒１人１台iPadを所持

説明会日程

●学校見学会
11月22日(日)10:00　※ミニ説明会＋校舎見学会

●入試説明会
1月17日(日)10:00　1月23日(土)10:30

●入試模擬体験
11月29日(日)　9:30　12月 6日(日)　9:30
12月20日(日)　8:30

※日程は変更になる場合がありますので事前にHPでご確認ください。

SCHOOL DATA

Address: 東京都千代田区麹町3-8
TEL:03-3263-3011　**Access**: 地下鉄有楽町線「麹町」徒歩１分、地下鉄半蔵門線「半蔵門」徒歩２分

不安なキミに贈る

面接のトリセツ

取扱説明書

志望校の入試に面接があって不安を感じている受験生のみなさん。面接はどうして行われるのか、どんなことを聞かれるのか、その実態を知れば、もうこわくありません。このトリセツを読んで、しっかり準備しておきましょう。

中学入試では、多くの場合、合否は学力試験の結果によって決定されます。これは、客観的かつ公平な基準で判断するためです。

近年、面接を実施する学校は減少しており、その理由は、受験生への配慮と考えられます。

現在、多くの学校で午後入試が導入されています。面接があると時間的な制約を受け、他校の午後入試を受けられない、という状況が生まれます。そうしたことが起こらないよう面接が行われなくなっているのです。

また、受験校すべてに面接があると、受験生に大きな負担がかかります。そのことを考慮して面接を廃止している傾向もあります。

オンライン面接を考えている学校も

もちろん、なかには伝統的なポリシーとして、受験生全員に面接を行う学校もあります。ただ、2021年度入試では新型コロナウイルス感染症予防の観点から、面接を課す学校は大きく減りそうです。

この雑誌でも「面接」についての項目を残すのかどうか編集部内で議論となりました。

しかし、本誌締め切りまでに、依然として面接を実施するとしている学校があることに加え、保護者面接も含め、「オンライン面接」で代替させるとする学校も聞こえてきます。

「家庭でオンライン環境を構築できない場合には対面での面接を実施」と配慮する学校もありそうです。

そのため、はじめにオンライン面接での注意点を考えてみましょう。

まずは、見えるところにいろいろなモノを置かないということです。そして面接官から見える背後はすっきりとした壁などを選びましょう。また、面接官が映しだされるディスプレイ側にもモノがないようにしましょう。

ディスプレイ周辺にモノがあると、面接での受け答えの際、面接官から視線をはずしてしまう原因となります。たとえば見えるところに時計があると、保護者のかたであっても「何分経ったかな」と、つい時計の方に目を向けてしまうでしょう。

また、受験生が面接を受けている間は、保護者は少し離れたところから見守り、自由に発言させましょう。横に座るとついアドバイスをしてしまい、リアルな面接ではしないような回答をしてしまいがちです。

また、オンラインで保護者面接が行われる際、想定問答のメモを持つことも厳禁です。

面接は先生とふれあう機会

減少しつつも、面接を伝統的に行う学校、オンラインでの実施を考えている学校があることをお伝えしました。では、そもそもなぜ面接が行われているのか、その理由や実施内容についてみていきます。

面接は、受験生をふるいにかけるために実施されているのではなく、入学前に先生とふれあってほしい、もっと学校を知ってほしい、という思いから実施されています。そこには入学後の教育効果を高めるというねらいもあります。

そのため、面接の結果は、多くの学校で、「参考程度」とされています。なかには「重視する」という学校もありますが、そうした学校においても、最終的な合否を判断するのは、学力試験の結果だといえるでしょう。ですから、もし面接があることを理由に、受験を諦めている学校があるならば、それはもったいないことです。

面接の時間は短ければ5分程度、長くても15分程度です。そう長い時間ではありませんが、人前で話すのが苦手な受験生、保護者のかたもいるでしょうし、なにより緊張するでしょう。

しかし、面接を担当する先生は、これまでに多くの受験生、保護者を見てきています。緊張している姿にも理解をしめしてくれるはずです。また、ある程度の緊張は、表情に真剣さが生まれるため、悪いことではありません。

会話のキャッチボールを意識してのぞむ

面接で質問される内容は、学校ごとに異なりますが、よく聞かれる項目をつぎページにまとめましたので、参考にしてください。

なかでも多くの学校で聞かれるのが「志望理由」です。なぜその学校を志望したのかを、自分の言葉で答えられるようにしておきましょう。志望理由は願書にも記入しているはずですから、そこに書いた内容とちがうことを答えないよう気をつけてください。願書は提出前にコピーをとって、面接前に一度、目をとおしておくことをおすすめします。

志望理由以外にも、さまざまな質問がありますが、それらはどれも受験生の性格やふだん考えていること、どんなふうに生活を送っているかを知ろうとするものです。対策としては、日ごろからご家族で多くの会話を持つことが有効です。

質問例を見ながら、この質問であれば、こんな回答をしようと準備するのもいいことですが、面接でいちばん大切なのは、面接官と会話のキャッチボールをすることです。用意してきた回答を話そうとするあまり、面接官の質問を最後まで聞かずに話し始めてしまってはいけません。

そして、面接においては、話し方も重要です。内容がいいものであっても、友人と話すような言葉づかいや語尾を伸ばした話し方をしていると、うまく伝わらないばかりか、よくない印象も与えてしまうかもしれません。

ふだんから保護者以外のおとなと話すときは、きちんとした言葉づかいをするよう心がけ、敬語にも慣れておくと、本番でも自然に使えるようになるでしょう。明るくハキハキと話すことが肝心です。

なお、面接の雰囲気に慣れるためにも、塾で模擬面接が行われる場合は、ぜひ活用してください。

態度や姿勢にも気を配ろう

さて、つぎに、控え室や面接本番での態度についてお話しします。

控え室では、静かに落ちついて自分の順番を待ちます。面接時の注意事項がアナウンスされることもあるので、聞き逃さないように気をつけてください。

どのように入退出するかは、学校によってちがいますが、基本的な動作を覚えておけば心配いりません。

ドアが閉まっている場合は、2、3度、軽くノックをします。部屋に入ったら一礼し、イスの左側に進みます。座るのは、面接官の指示があってからです。背もたれに背中がつかない程度に腰かけ、手はヒザの上に置きます。あごを引き、背筋を伸ばして座りましょう。手足をぶらぶらさせたり、きょろきょろしていると落ちつきがないように見えてしまいます。

面接が終わったら、再びイスの左側に立ち一礼、ドアのところで再度礼をしてから部屋をでます。はじめからドアが開いていたのであれば、閉める必要はありません。

面接終了後、控え室に戻ったら、ほかの受験生に配慮し、静かに行動しましょう。面接内容について話してはいけません。

保護者面接も前向きにとらえる

基本的な面接のパターンは、つぎの4つです。

・受験生のみの個人面接
・受験生数人のグループ面接
・受験生と保護者の面接
・保護者のみの面接

受験生への質問例

◉名前と受験番号を言ってください。

◉本校の志望理由を言ってください。

◉家から学校に来るまでの経路を簡単に説明してください。

◉本校に以前来たことはありますか。

◉きょうの筆記試験はできましたか。

◉すべての入試が終わったらなにがしたいですか。

◉この学校に入学したら、いちばんしたいことはなんですか。

◉新しいクラスメイトがいるとして、自己紹介をしてください。

◉本校のほかに受験している学校はありますか。

◉長所と短所を教えてください。

◉好きな科目と苦手な科目はなんですか。

◉小学校生活で最も心に残っていることはどんなことですか。

◉小学校で委員会活動をしていましたか。

◉最近、気になったニュースはどんなことですか。

◉あなたの尊敬する人物はだれか、理由も教えてください。

◉最近、どんな本を読みましたか。

◉あなたが大切にしているものはなんですか。

◉地球に優しいことをなにかしたり、心がけていることはありますか。

◉将来の夢はなんですか。

◉いままでで、いちばんうれしかったこと、悲しかったことはなんですか。

◉お母さんの料理で、なにがいちばん好きですか。

◉おうちで、あなたが担当しているお手伝いはありますか。それはどんなことですか。

◉ピアノを習っているそうですが、好きな曲はなんですか（習いごとがある場合、それに合わせた質問になる）。

◉（面接の待ち時間に「絵本」を渡されていて）絵本を読んだ感想を教えてください。また、その絵本を知らない人に内容を紹介してください。

◉タイムトラベルするとしたら、だれとどの時代に行きたいですか。

◉いじめにあっている人がいるとします。そのときあなたはどうしますか。

保護者への質問例

▼なぜ本校を志望したのか教えてください。
▼本校についての印象を教えてください。
▼本校のことを、どのようにして知りましたか。
▼以前に本校に来たことはありますか。
▼本校を含めて、なぜ中学受験をお考えになったのですか。
▼通学に要する時間（通学経路を含む）はどのくらいですか。
▼お子さまの長所と短所をあげてください。
▼お子さまの性格について教えてください。
▼お子さまの特技はなんですか。
▼お子さまの名前の由来はなんですか。
▼お子さまをほめるのはどんなときですか。
▼お子さまの小学校での出席状況はどうですか。
▼ご家庭でお子さまをお育てになるうえで、とくに留意されていることはなんですか。
▼日ごろ、ご家庭でどんな話をしていますか。
▼親子のコミュニケーションにおいて気をつけていることはありますか。
▼ご家族でお休みの日はどのように過ごしていますか。
▼ご家庭でお子さまの果たす役割はどんなことですか。
▼家族共通の趣味はなにかありますか。
▼ご家庭で決めているルールはなにかありますか。
▼中高6カ年教育についてどうお考えですか。
▼（キリスト教主義の学校の場合）本校はキリスト教主義の学校ですが、そのことについては賛同していただけますか。
▼お子さまの将来について、保護者としてのご希望はありますか。
▼本校へのご要望はなにかありますか。

つぎは
面接パターンを
みてみよう

面接パターン

パターン1 受験生のみの個人面接

受験生ひとりに対して、面接官１～２名という面接は、中学受験において、最も多いパターンです。３～５分と短い時間で行われます。ひとりでのぞむことから、不安が大きく、緊張するかもしれませんが、落ちついてのぞめば大丈夫です。入退室の仕方などをしっかり確認しておき、質問にハキハキと答えましょう。

パターン2 受験生のグループ面接

グループ面接は、受験生３～６名、面接官２～５名というパターンです。ひとりずつ順番に質問されるのが一般的です。なかには、挙手制で回答する形式や、討論形式の場合もあります。いずれにせよ、自分の番になってから答え、ほかの受験生が話している間は、静かに聞きましょう。グループ面接は今回の入試ではコロナ禍により減りそうです。

保護者面接が実施される場合、「自分の受け答えによって子どもが不合格になってしまうのでは」と心配されるかたもいるでしょう。しかし、保護者面接も、受験生の面接と同じように、合否に直接影響するわけではありません。学校側は教育理念を伝え、ご家庭の教育方針を聞くことで、入学後のお子さんの成長につなげたいと考えているのです。

質問例からもわかるように、特別な内容ではありません。入学前に先生と話せるいい機会だと思って前向きにとらえましょう。

ただ、保護者面接では、願書や事前に提出したアンケートなどに関する質問をされることもあるので注意してください。願書に加え、アンケートなどもコピーをとっておき、学校ごとに整理しておきましょう。

なお、入試要項に、「保護者は1名でも可」とただし書きがある場合は、その言葉どおりの意味で、「1名でもいいが、2名のほうがより好ましい」ということではありませんので、安心してください。

最後に、多くのかたが悩まれる服装についてお伝えします。結論からいうと、気にしすぎる必要はありません。

ふだん着慣れている清潔感のあるふつうの服装でのぞみましょう。基本的に服装によって受験生の印象が変わることはないと、学校は明言しています。

しかし、気になるようであれば、男子はセーターにズボン、女子はブレザーにスカートという服装が多いようですので、そうした服装でもいいでしょう。

基本的な

パターン3 受験生と保護者の面接

とくに指示がない場合は、保護者はひとりでかまいません。面接官は２～４名ということが多いようです。注意点は、親子で回答が食いちがわないようにすること、受験生に対する質問に保護者のかたが答えないようにすること、です。この受験生と保護者の面接パターンでは、親子関係を見ているといえるでしょう。

パターン4 保護者のみの面接

一般的には面接官１～２名で行われます。家庭の教育方針や学校の教育方針に対する理解についての質問が中心となります。受験生の面接と並行して実施されることが多いので、それぞれ異なる回答をしないよう気をつけましょう。事前に話しあっておくと安心です。パターン③同様、指示がなければひとりの出席でかまいません。

もう迷わない！入学願書提出までの流れ

インターネット出願が増えてきた昨今ですが、まだまだ多くの学校で紙の願書の提出が求められています。ここではどのように願書を書いていくのか、提出する際になにに気をつけるかなど、願書提出までのポイントをお伝えします。

CHECK 01 準備するもの

筆記用具

学校から指定がある場合はそれに従い、指定がなければ黒か青のボールペン、または万年筆を使います。記入の途中でインクが切れてしまったときに備えて、替え芯やインクも用意します。

印鑑・朱肉

スタンプ印は避け、朱肉を使用する印鑑を用意します。また、記入まちがいがあったときのための訂正印もあるといいでしょう。

写　真

スピード写真が使えるかどうか、撮影時期の指定などは学校によって異なります。サイズ規定も含めてかならず各校の指示を確認し、少し多めの枚数の写真を準備しておくと安心です。

願　書

受験結果によっては「駆けこみ受験」を行う可能性があります。第1、第2志望以外でも、受験を考えている学校の願書は事前に入手しておいてください。例年だと学校説明会やオープンキャンパスで配布されることもありますが、2020年度は新型コロナウイルス感染症の影響であまり開催されていないため、入手の機会が減っています。早めに学校から取り寄せるようにしましょう。

学校案内

学校案内も願書同様、2020年度はあまり入手できるタイミングがなかったかもしれません。学校のホームページにデジタルパンフレットが掲載されていることもありますので、活用してみてください。ただし、学校案内やデジタルパンフレットのコピーなどが、他校のものと混ざらないように気をつけましょう。

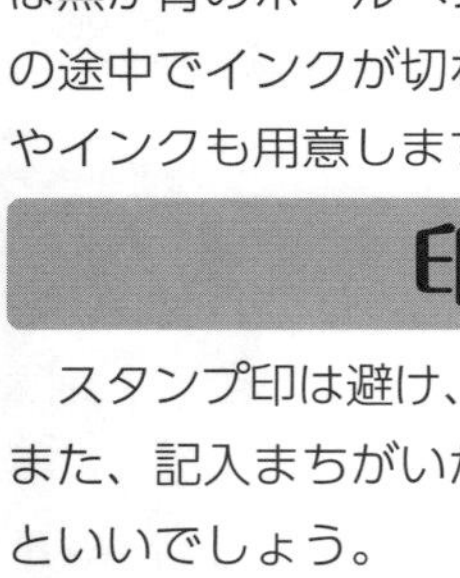

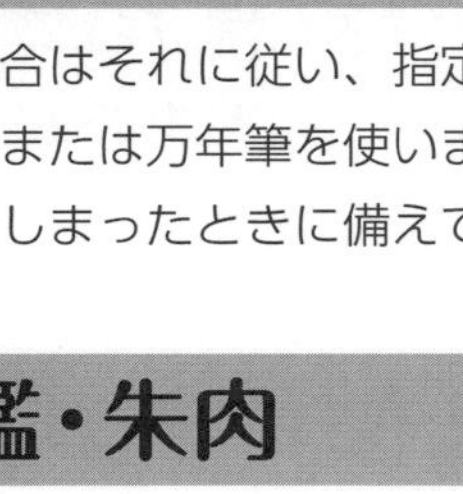

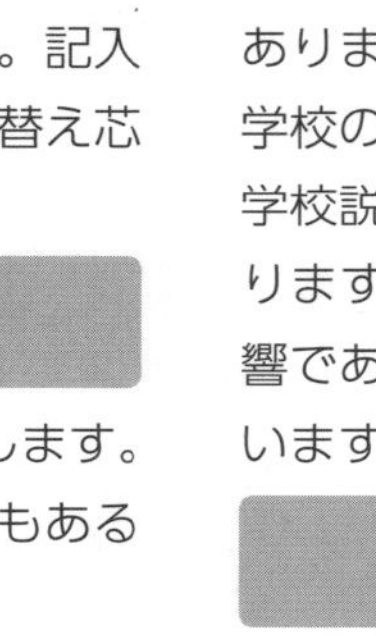

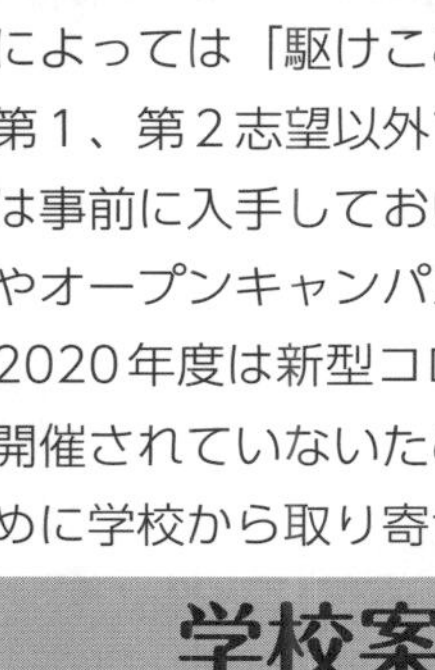

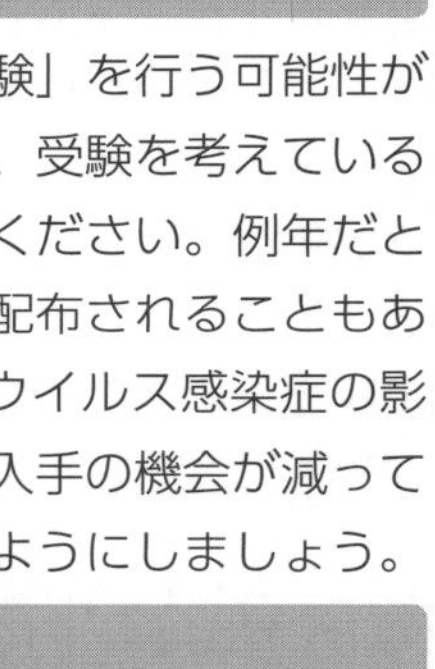

CHECK 02 書く前にチェックしよう

本番前にコピーで練習

記入する前に一度、願書のコピーをとって試し書きをしましょう。練習してから清書することで、誤字脱字だけでなく、文字の大きさ・バランスなども確認することができます。

募集要項の確認も

学校によって願書の記入事項や形式などがちがうこともあります。まとめて何校もの願書を記入する場合は、混乱してしまわないよう、さきに募集要項を読みこんでから書き進めてください。

CHECK 03 記入しよう

不明点は問い合わせる

願書記入時に疑問点や不明点がでてきたときは、かならず学校へ問い合わせてください。各校とも親切に対応してくれるはずです。問い合わせたことによって受験結果にひびくことはありません。

ミスをしない工夫をする

住所や名前など、書き慣れている箇所ほど、気が緩んで書きまちがいが起きやすい傾向があります。時間に余裕を持って取り組み、保護者のかたで分担すればミスを減らすことができます。

ていねいな字で書いていく

手書きの願書の場合は、文字の上手・下手で試験の結果に影響がでることはありません。ただし、読む側が読みやすいよう配慮しながら、1字1句ていねいな楷書で記入していくことを心がけましょう。

はみだし・余白に注意

志望動機などの項目は、余白ができたり、文字がはみだしたりしないよう文字の大きさにも気をつけて記入します。記入欄に罫線がない場合は、あらかじめ鉛筆で薄く線を引いておくと書きやすくなります。

文体を統一する

文体は「だ・である調」にすると、やや高圧的な印象になってしまうことがあるので「です・ます調」がおすすめです。志望動機など文章が多くなりやすい部分では文体が途中で変わらないよう注意します。

書き損じてしまったら

願書をうっかり書きまちがえてしまったときは、まず募集要項に訂正方法が記載されていないか確認してください。とくに指示がなければ、訂正部分に二重線を引き、訂正印を上に押します。

受験回 01

受験回ごとに願書の用紙がちがう場合や、受験科目を選択させる場合があるので、学校ごとによく確認しましょう。

志願者氏名・ふりがな 02

氏名は略字などは使わずに、戸籍上の漢字で記入しましょう。ふりがなは、「ふりがな」ならひらがなで、「フリガナ」ならカタカナで記入しましょう。ふりがなの書きもれにはくれぐれも注意しましょう。

生年月日 03

西暦での表記か、元号での表記か注意してください。

現住所 04

志願者本人が現在住んでいる住所を、番地や部屋番号まできちんと記入しましょう。調査書などのほかの書類と同じ住所にします。

写真 05

スピード写真やスナップ写真ではなく、専門店で撮影した証明写真を使用するようにしましょう。学校によって、サイズや撮影時期などの条件が異なりますので、確認して指定されたとおりにします。念のため、必要枚数よりも多めに準備しておきましょう。写真の裏に氏名と住所を書いておくと、万が一願書からはがれてしまっても安心です。メガネをかけて受験する場合はメガネをかけて撮影しましょう。

印鑑 06

押し忘れが多いので注意しましょう。印鑑は朱肉を使用するものを使います。印がかすれないよう、下に台紙などを敷いてからしっかりと押しましょう。

保護者の現住所 07

「志願者本人の住所と異なる場合のみ記入」と指示があれば、未記入でかまいません。指示がない場合は、「同上」と記入するか、再度記入しましょう。単身赴任等で住所が異なる場合はその旨を記入します。

緊急連絡先 08

受験中のトラブルはもちろん、補欠・追加合格など学校からの緊急連絡時に必要となりますので、確実に連絡が取れるところを書いておくのがポイントです。保護者の勤務先を記入する場合は、会社名・部署名・内線番号まで書いておくと親切でしょう。最近は、携帯電話でもかまわないという学校も増えています。その場合には所有者の氏名と続柄も記入しましょう。

家族構成 09

指示がなくても、本人を書く欄がなければ、本人以外の家族を記入するのが一般的です。書く順番は、父、母、兄、姉、弟、妹、祖父、祖母としますが、募集要項のなかに明記されている場合もありますので、指示に従ってください。名字は全員省略せずに書きましょう。また、家族の続柄は志願者本人から見た場合が一般的ですが、まれに保護者から見た続柄を書かせる学校もありますので確認が必要です。

志願理由 10

記入例Aのようなアンケート形式や、ある程度の文章量で書かせるなど、学校によって異なります。

記入例A

入学願書

令和３年度
〇〇〇〇中学校

01 第１回入試用（試験日2月1日）

受験番号 ※

入学志願者	ふりがな（02）	ごう かく た ろう
	氏名	合格 太郎
	生年月日（03）	平成 20 年 5 月 19 日
	現住所（04）	〒101-0000 東京都千代田区 〇〇〇 2-5-2
	電話	03 - 0000 - 5944
	在籍小学校	東京都千代田区立〇〇 小学校 平成 27 年 4 月 入学
		東京都千代田区立〇〇 小学校 令和 3 年 3 月 卒業見込

05 写真貼付（縦5cm × 横4cm以内）正面・上半身・脱帽 カラー・白黒いずれも可 裏面に氏名記入

			年齢	志願者との続柄
保護者	ふりがな	ごう かく すぐる		
	氏名	合格 優 印（06）	45	父
	現住所（07）	＜志願者と異なる場合のみご記入ください＞		
	自宅以外の緊急連絡先（08）	父の勤務先 03 - 0000 - 1234 株式会社〇〇出版		

09

家族・同居人（本人は除く）	氏名	年齢	備考
保護者	合格 優	45	御校の卒業生です
母	合格 秀子	42	
妹	合格 桜	9	

10

志願理由
教育方針・校風・大学進学実績・制服・しつけ・施設環境
家族に卒業生／在校生がいる・その他（ ）

※この欄の記入は自由です。記入されても合否には一切関係ありません。

通っている塾の名前を記入してください。	
〇〇〇〇〇〇	

記入例B

志願者氏名	合格 のぞみ

校内活動	部活動	ミニ・バスケットボール部
	クラス・生徒会での役員名	学級委員（小4／小5） 児童会副会長（小6）
校外活動	出場・出品の大会名その成績	ミニ・バスケットボール K市大会準優勝（小5） 全国児童読書感想文コンクール入選（小6） 東京都下水道ポスターコンクール佳作（小5）
	学校生活以外の所属団体名および活動内容	「多摩川を守る会・少年少女部会」会員 地域のボランティアとして多摩川の自然を保持するために 流域の清掃活動などを定期的に行っています。
趣味・特技・資格		ピアノ演奏 漢字検定3級（小5時に取得）

（左の番号：11＝校内活動、12＝校外活動）

志望理由	小学校5年生のときから、本人が御校学校説明会やオープンスクールなどに参加させていただきました。そうした折りに在校生のみなさんに接し、「ぜひ、この学校で勉強してみたい」という強い希望をいだくようになりました。両親としても、先生方のお話をお伺いする過程で御校の教育方針に共鳴し、ぜひ娘にこうした良好な教育環境のもとで中学高校時代を過ごさせてやりたいと念願しております（母記入）。

（左の番号：13）

記入例C

14

令和３年度○○○○中学校入学願書

第１回入試用　（試験日2月1日）

受験番号	

志願者	ふりがな	ごう かく た ろう
	氏名	合格 太郎
	生年月日	平成 20 年 5 月 19 日
	現住所	〒101－0000 東京都千代田区○○○ 2－5－2 TEL 03（0000）5944
	在籍小学校	東京都千代田区立○○ 小学校　令和 3 年 3 月　卒業見込
保護者	ふりがな	ごう かく すぐる
	氏名	合格 優 ㊞　志願者との続柄：父
	現住所	＜志願者と異なる場合のみご記入ください＞ TEL （ ）
	自宅以外の連絡先	

	連絡先	氏名または勤務先（志願者との関係）
TEL・携帯	03 －0000 －1234	○○出版 （父）
TEL・携帯	090 －0000 －5678	秀子 （母）
TEL・携帯	－ －	（ ）

写真貼付
（縦5cm × 横4cm以内）
正面・上半身・脱帽
カラー・白黒いずれも可
裏面に氏名記入

令和３年度

受験票

第１回入試用（試験日2月1日）

受験番号	
氏名	合格太郎

令和３年1月　日受付

入学試験時間割

1限	国語	8:45～ 9:35
2限	算数	9:50～10:40
3限	社会	10:55～11:35
4限	理科	11:50～12:30

受験上の注意
1. 試験当日この受験票は必ず持参し、8時20分までに入室すること
2. 合格手続の際は、この受験票が必要です。

○○○○中学校

11 校内活動

書ける範囲でかまわないので、できるだけ記入するようにしましょう。

12 校外活動

小１～小６までで該当する活動があれば記入しましょう。

13 志願理由

文章は枠からはみださず、なるべく枠を満たすように書きましょう。学校の先生が目をとおすものなので、文体は「です・ます調」にします。入学したい熱意を学校に伝えるべく、学校の教育方針についての共感や、説明会などで学校に足を運んだ際に感じた率直な気持ちを綴《つづ》ってください。どう書けばいいかわからなくなってしまったときは、その学校のどのようなところがいいと感じたのか思いだしてみましょう。

14 切り取り

学校で受け付け処理がすんだら返却されます。絶対に自分で切り離さないようにしてください。

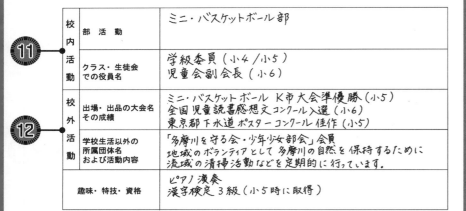

CHECK 04 提出前に見直そう

本人と第三者でチェック

願書記入後は、捺印もれ・誤字脱字がないかチェックしましょう。提出する前に、ほかの人にも確認してもらうと、記入した本人では見過ごしてしまいがちなミスに気づきやすくなります。

コピーをとっておこう

記入後の確認がすんだら、コピーをとっておきましょう。面接試験がある場合、願書に記入した内容について聞かれることがありますから、いつでも見返せるように手元に置いておくと安心です。

学校ごとに保管

願書のコピーや受験の資料は、すべて学校ごとにクリアファイルで保管すると紛失などの防止になります。その際にわかりやすいよう、ファイルに校名と受験回数も記入しておくことをおすすめします。

CHECK 05 提出方法を確認しよう

書類の準備ができたら出願ですが、ここでもう一度提出方法や日程を見ておきましょう。2021年度入試では新型コロナウイルス感染症の影響もあり、例年とは異なる出願方法をとる学校がでてきています。募集要項をよく読み慎重に行動することが重要です。

インターネットから

近年、インターネット出願が増えてきており、学校によっては出願方法がインターネットのみというところもでてきました。

インターネット出願はパソコンやスマートフォンから提出できるため、ほかのふたつの方法よりも時間の融通がききやすいという利点があります。

ただし、コピー&ペースト機能を使ってしまったがために受験生の名前を入れる欄に保護者の名前を入力してしまう、といったまちがいが起きる可能性もあるので、注意が必要です。

また、学校によっては出願後に別途書類を用意して郵送したり、受験票を印刷する必要があるかもしれません。出願前に募集要項を読んで、受験までの流れを理解しておきましょう。

郵送から

郵送で提出する場合は、送りまちがいがないよう、書類を再確認してから封筒に入れます。締め切りが当日「必着」の場合は、締め切り日にかならず学校へ書類が到着するよう、余裕を持って提出してください。

窓口から

新型コロナウイルス感染症の影響で、今年は窓口出願が少なくなっていますが、一部の学校では窓口での受け付けを行う予定です。受け付けている日にちや時間をまちがえないようきちんと把握することが重要です。

さらに、窓口で提出すると、その場で願書の確認をしてもらえるというメリットがあります。記入まちがいがあったときのために、筆記用具や印鑑・訂正印を持参しましょう。

新型コロナウイルス感染症以外にも

こんな病気に気をつけよう

新型コロナウイルス感染症予防に関する情報は「3密の回避」など周知が進んでいます。ここでは、そこに関心がいきすぎて怠りがちな、他の感染症対策に焦点をしぼってお伝えすることにしました。

医療法人社団裕健会理事長　神田クリニック院長　馬渕　浩輔

1 インフルエンザ

インフルエンザウイルスによって引き起こされ、例年12月～3月に流行します。受験生やそのご家族にとって最も避けたい病気のひとつといえるでしょう。A型、B型、C型、新型に分類でき、このうちC型はほとんどの場合軽症ですみますが、A型、B型、新型は大きな流行をもたらします。

急激な発熱があるという点で、インフルエンザと風邪は異なります。38度以上の高熱に加え、悪寒や激しい関節痛などの全身症状もみられます。そして、適切に治療しないと熱が1週間ほどつづき、悪化するとさまざまな合併症まで引き起こすこともあるので要注意です。

発症後の対応

インフルエンザの潜伏期間は1～4日程度といわれていて、発症から48時間以内に抗インフルエンザ薬を投与すると症状が大きく改善します。熱も2～3日で下がる場合がほとんどです。もし急に熱がでたら、まずは医療機関に電話をして、受診が可能かどうかの確認をしたうえで診察を受けるようにしましょう。

発症から48時間経ってしまっても、医師の診察はかならず受けてください。症状が重ければ抗インフルエンザ薬を医師の判断で投与することもありますし、抗インフルエンザ薬を投与しなくとも症状を緩和する治療が行われます。

発熱やのどの痛みなどは市販の薬

新型コロナウイルス感染症以外にも　こんな病気に気をつけよう

で和らげることができても、それでは根本的な治療にはならないことを覚えておいてください。なお、後述しますが、解熱剤の使用には注意が必要です。医師の指示に従いましょう。

そして、たとえ高熱で寝こんでいたとしても食事は欠かさないことが大切です。しっかり食事をして栄養をとらなければ免疫力が低下し、結果的にウイルスを身体から追いだす力も弱くなってしまうからです。

投薬

インフルエンザ治療薬には、内服薬のタミフル、吸入薬のリレンザ、イナビル、点滴薬のラピアクタに加えて、ゾフルーザという内服薬もあります。

タミフル、リレンザ、イナビル、ラピアクタなどは「ノイラミニダーゼ阻害剤」という種類で、細胞内で増えたウイルスが細胞から外にでるプロセスをはばみ、まわりの細胞に感染が広がるのを防ぎます。

一方ゾフルーザは「キャップ依存性エンドヌクレアーゼ阻害剤」と呼ばれる種類で、細胞内でウイルスそのものが増えないようにする働きがあり、1回の内服のみで治療が終了します。吸入薬のイナビル、点滴薬のラピアクタも、1回の治療ですむ治療薬です。

あくまで医師と相談したうえでですが、受験生は早期になおす必要がありますから、使用が簡便なゾフルーザやイナビルでの治療が考えられます。

予防ワクチン

インフルエンザの予防に最も効果的だといわれているのがワクチンの接種です。近年はA・B・新型の3種混合のワクチンを接種できるので、新型のワクチンを改めて接種しなくても大丈夫です。ただし、13歳以下のお子さんは免疫力が低いので、2回打つ必要があります。

なお、ワクチンはこれまで3価(A型2株、B型1株)でしたが、2015~2016年のシーズンから日本でも4価(A型〈ソ連型・香港型〉、B型〈山形系統・ビクトリア系統〉)が使われるようになりました。抗ウイルス薬に耐性を持ったインフルエンザウイルスも出現していますが、4価のインフルエンザワクチンによって流行するタイプをかなり網羅できるので、予防接種を受けることをおすすめします。

ワクチンは効果がでるまでに接種から約2週間かかり、有効期間は約5カ月といわれています。そのため、受験生のご家庭では、年内のできるだけ早いうちに1回目、年が明けてから1月に2回目を打つといいでしょう。ワクチンが不足する可能性もあるので、早めに医療機関に確認することをおすすめします。

完治の目安

抗インフルエンザ薬を早めに投与すれば、発症から2~3日で解熱できるのは前述のとおりです。その後、次第に関節の痛みもとれてくるでしょう。

しかし、それが完治したことだと考えてはいけません。インフルエンザは完治までに原則、発症翌日から7日間、そして解熱後2日間かかるといわれています。抗インフルエンザ薬の使用によりウイルスは急速に減っても、「ゼロ」になったわけではないので、症状がおさまったからといって安易に外出すると、ウイルスをまき散らしてしまうことになります。熱が下がってからもしばらく外出は控えましょう。

注意したいポイント

さきほど少し触れましたが、解熱

剤の使用には注意が必要です。なぜかというと、副作用で脳症など脳の問題を引き起こすことがあるからです。インフルエンザによる高熱を下げようとロキソニンやアスピリンなどの解熱剤は絶対に使用してはいけません。

どうしても解熱剤が必要だという場合には、医療機関で医師の診断を受けたうえで、アセトアミノフェン（商品名：カロナール）などを処方してもらうといいでしょう。

2 風邪

おもに、鼻水、鼻づまり、咳、痰《たん》のどの痛みなどの症状がみられるいわゆる「風邪」は、RSウイルスやアデノウイルス、ライノウイルスなどの感染症を総称した「風邪症候群」のことをさします。

最近はなかでもRSウイルスが流行していて、このRSウイルスに小さなお子さんがかかってしまうと、ときに重症化することがあります。中学受験生ぐらいの年齢ならば重症化のおそれは少ないものの、咳や発熱がひどい場合はまずは電話をしてから医療機関を受診しましょう。

また、インフルエンザと異なり抗ウイルス薬はありません。ほとんどの場合自然になおるので、身体をよく休めること、食事（栄養）と睡眠をきちんととること、脱水症状にならないようにしっかりと水分補給をすることを心がけてください。

なお、風邪はインフルエンザのようにそこまで高熱にはなりません。1週間以上症状がつづくなら、ほかの病気のおそれがあります。

3 マイコプラズマ肺炎・百日咳

風邪だと思っていたのに、1～2週間、咳がおさまらないときは、マイコプラズマ肺炎や百日咳の可能性が考えられます。ほかの病気同様、電話後に医療機関を受診しましょう。

おもな症状は乾いた咳がつづくことですが、微熱をともない、それが長引くこともあります。悪化すると、肺炎や髄膜炎《ずいまくえん》になる場合もあります。注意しましょう。

4 ウイルス性腸炎

これからの時期は、ウイルス性の腸炎にも気をつけておきたいところです。原因は、ノロウイルスやロタウイルス、アデノウイルスなどで、おもな症状として、急激な吐き気、おう吐、腹痛、下痢《げり》などがみられます。

そのなかでもとくに有名なのがノロウイルスでしょう。カキなどの二枚貝に存在するといわれているウイルスです。しかし、貝類を食べなければ安心というわけではなく、これらのウイルスは吐物や便器、水道の蛇口などに付着していることが多いのです。

ですから、そのような場所をつねに清潔にしておくことが、病気の予防につながります。

5 新型コロナウイルス

現在、新型コロナウイルスに関しては様々な情報があふれていて、混乱されている方がいると思われます。困ったときには、かならず厚生労働省のホームページを確認するようにしてください。

ウイルス感染である以上、インフルエンザや風邪の予防対策と同じようにすることが重要です。

もしものときに備えよう

風邪をひいたときに役立つ豆知識

Q 水分はどれぐらいとればいいのでしょうか。

A 脱水症状を引き起こさないためにも、水分補給は欠かせません。発熱している場合は、少なくとも水だけで1日に1・5Lはとるようにしましょう。もし、尿の色が濃くなってきたり、お子さんの尿の回数が減ってきたら、脱水を起こしている可能性があります。お子さんのようすを気にかけて、よく注意するようにしてください。

Q お風呂には入らない方がいいですよね？

A 高熱の場合は避けた方がいいと思いますが、風邪をひいたからといって、お風呂に絶対に入ってはいけない、という決まりはありません。37度程度の微熱であれば、汗を流して身体を清潔にするために、入ってもかまわないと思います。ただし長時間の入浴にはならないようにしましょう。

\知っておきたい予防のポイント/

新型コロナウイルス感染症対策として、つけるのが当たり前になった「マスク」。学校や電車、バスなど多くの人がいるところで、飛沫《ひまつ》を直接浴びることを防げるので、飛沫感染※するインフルエンザや風邪の予防にも役立ちます。マスクとともに以下の４つのポイントも押さえて、万全の対策をとりましょう。

※咳やくしゃみなどによって飛び散ったウイルスを吸いこむことで感染すること

① 手洗い

外出先ではいろいろなものに触れているので、手指にはさまざまな菌が付着しています。家に帰ったら手洗いをしっかりするようにしましょう。大切なのは、指や手のひらといっためだつところだけでなく、指と指の間など、細かい部分もきちんと洗うことです。

② うがい

手洗いといっしょに帰宅後の習慣にしておきたいのがうがいです。うがい薬（「イソジン」など）が市販されてはいますが、うがいの際にかならずそれらを使わなければならないということはありません。効果は真水でもじゅうぶんにみられます。

③ 室内の加湿

空気が乾燥するこの季節は、室内の加湿も重要です。のどや鼻の粘膜が乾くと、それだけウイルスなどを防ぐ身体の働きが弱まってしまうからです。加湿器がなくても器に水を張ったり、室内に洗濯物を干したりと工夫をすれば代用できるので試してみてください。

④ タオル共有×

手洗いやうがいの際にタオルを共有するのも避けましょう。ペーパータオルか、それぞれ別のタオルを用意することをおすすめします。共有すると、手洗いやうがいが不十分でタオルに菌がついていた場合、家族内で感染するおそれがあるからです。

Q どれくらいの症状ならば、市販薬で大丈夫ですか。

A 鼻水、咳、痰がでる程度ならば、最初は市販薬でも問題ないでしょう。ただし、市販薬を2～3日飲みつづけているのに、なかなか症状が改善しないようであれば、医療機関に電話し、医師の診察を受けることをおすすめします。

Q 病院の待合室などで病気に感染してしまうこともあると耳にしました。感染を防ぐための対策法があれば教えてください。

A 小児科にはこれからの時期、多くの患者さんが来ます。それはつまり、それだけ病院の待合室で感染する可能性も高まるということです。ですから、高熱の場合やインフルエンザが疑われる場合は、まずは医療機関に連絡してください。そして、どのような対策を取ればいいか、相談してみましょう。

また、そこまで症状がひどくない場合でも、待ち時間が長くなることも考えられるので、やはりまずは電話をおすすめします。なお、対応は医療機関ごとに異なりますから、そのつど確認が必要です。

社会に貢献できる人材を育成する『R-プログラム』

立正《りっしょう》大学《だいがく》付属《ふぞく》立正《りっしょう》中学校

日蓮聖人の教え「行学二道」を柱とし、勉学への積極的な情熱と豊かな人格の育成を目指す立正大学付属立正中学校・高等学校（以下、立正）。2013年のキャンパス移転を機に、新しい取り組みが着々と生徒の可能性を伸ばしています。

中学のクラス編成

立正では、中学生は周囲からの見守る目が最も必要な時期と捉え、中学3年間は、1クラスを30名程度の少人数で編成しています。さらに学習進度に差がつきやすい数学と英語では習熟度別授業を行い、英会話の授業ではネイティブ教員3名による1クラス10数名の分割授業を行うなど、生徒それぞれに合ったきめ細かな指導を心掛けています。

2年次からは、生徒の希望と成績に応じて、国公立・難関私立大学への進学を目標とする「特別進学クラス」とその他私立大学や立正大学を目指す「進学クラス」に分かれます。

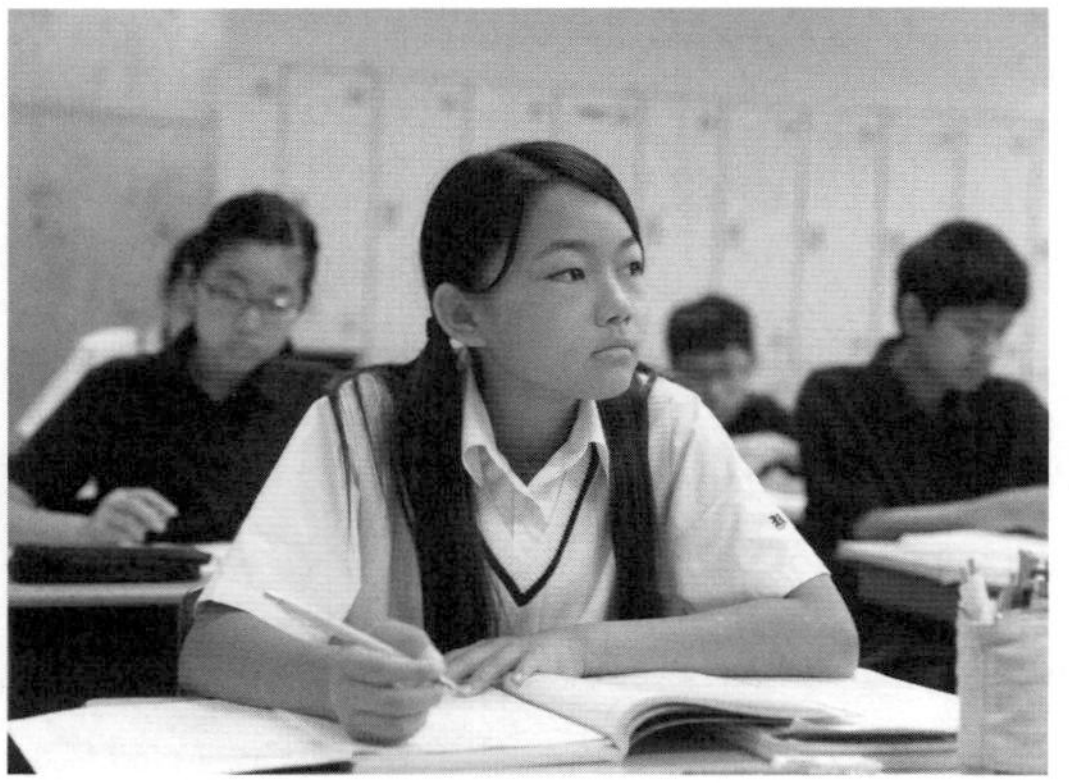

毎日、真剣に授業に取り組んでいます。

進級時に本人の希望や成績に応じたクラスの入れ替えを行いながら、原則的に高入生と混ざることなく4年次（高校1年次）まで一貫生のみのシラバスが構築されています。

また、中学の全教室には電子黒板が設置されており、タブレットなどのＩＣＴ機器と連動した、双方向型・対話型のアクティブラーニングも積極的に取り入れています。

進路指導と進路状況

5年次（高校2年次）から高入生と混合となり、生徒それぞれの進路に応じ、特進文系・特進理系と進学文系・進学理系の4コースに分かれ、志望大学への進学を目指します。

立正では、「行ける学校よりも、行きたい学校へ」を進路指導方針とし、生徒の多様な進路選択に対応するために豊富な選択科目を用意しています。また、勉強合宿や長期休暇中の講座、ＡＯ・推薦入試に特化した入試対策講座など、生徒のニーズに合わせた多数の講座を開講しています。

このような取り組みの結果、近年の大学進学実績は堅調に推移しており、毎年約8割の生徒が立正大学以外の外部大学へ進学しています。

『R-プログラム』で社会人力を養う

「2013年の校舎移転を機に本校の校是でもある日蓮聖人の三大誓願（※）の心に立ち戻り、中等教育の本来あるべき姿とは大学へ送り出すための学習カリキュラムだけを行うのではなく、社会に貢献できる人材を育成することであると考え、この『R-プログラム』を実施するに至りました」と入試広報部長の今田正利先生は語ります。

※日蓮聖人の三大誓願
「我れ日本の柱とならむ、我れ日本の眼目とならむ、我れ日本の大船とならむ」

『R-プログラム』スピーチの様子。皆、真剣です。

この『R-プログラム』とは、Research（自ら進んで調べる力）、Read（主張や要点を読み取る力）、Report（意思や結果を正確に伝える力）の3つのスキルを伸ばすための立正独自のもので、主な取り組みは次のようなものです。

『コラムリーディング&スピーチ』

毎朝20分のSHRを活用し、新聞等のコラムを読み、自分の感想や意見を200字程度にまとめ、一人1分間の発表を行うプログラムです。学年が進むごとにコラムを時事的なテーマへと移行し、LHRで3分間スピーチにチャレンジしたり、クラス内でディスカッションやディベートを行ったりと少しずつ難易度を上げていきます。これにより文章の読解力・要約力、プレゼン力そして自分と異なる意見を受け入れる姿勢などが養われます。

医療機関での職場体験、緊張の連続です。

『読書ノート&リーディングマラソン』

『読書ノート』は生徒に配付しているノートで、読んだ本の書名、ページ量、感想などを記入することで「考えながら読む」習慣を身につけます。また、1年間を3期に分け、クラス対抗でどれだけのページ数を読んだかを競う「リーディングマラソン」を開催し、読書の動機づけを行います。昨年度、3年次の年間読書量の平均は約2500ページでした。

『キャリアプログラム』

『R-プログラム』では、1年次から『キャリアプログラム』を実施しています。

1年次に行われる卒業生による「職業講話」から始まり、2年次、3年次の「職場体験」と学年が上がるごとに実践的なプログラムとなっています。

特に3年次のインターンシップ（3日間）では、企業で行われる会議に参加したり、店頭に立ったりと実際の仕事を体験します。事前打ち合わせから企業訪問まですべて生徒たちだけで行うため、企業の方から注意を受ける生徒もいます。また、体験した現実の仕事と想像とのギャップに戸惑う生徒も少なくありませんが、それも社会経験の一つとなり、将来の目標を決めるための糧になると考えています。体験後には、一人ひとりが「体験報告会」でプレゼンを行い、様々な体験談と将来の目標を発表します。

「立正では、これらのプログラムを6年間という一貫教育の利点を活かし、反省と見直しを繰り返しながら継続して取り組むことに意義があると考えています。このプログラムを行うことで、生徒たちは自らアクティブラーニングを行い、プレゼンテーション力を養うことができます。この力は大学進学後、そして社会人となったときに必ず自分自身を支え、助ける力になると確信しています」
（入試広報部長　今田正利先生）

立正大学付属立正中学校
［共学校］
〒143-8557 東京都大田区西馬込1-5-1
TEL：03-6303-7683
URL：https://www.rissho-hs.ac.jp
アクセス：都営浅草線
「西馬込駅」西口下車徒歩5分
※JR線「大崎駅」からスクールバス有
■学校説明会（要Web予約）
12月 5日（土）14：00～
12月19日（土） 9：30～
※両日とも入試問題解説会を実施
1月 9日（土）10：00～
※授業見学を実施

LTE…特色ある英語

英語を学ぶのではなく「英語で」学ぶ6年間。グループワークやディスカッション、プレゼンテーションを英語で行うことで、実践的英語力を高めます。日本人英語教員の文法の授業も含め、週10時間の英語は武蔵野ならではです。

武蔵野7つのスキルで、真の力をつけ、世界に羽ばたきませんか?

7つのスキルとは…

- Share………［共有する］
- Explore………［探究する］
- Present………［表現する］
- Try………［挑戦する］
- Support………［助け合う］
- Self-Manage………［自己管理］
- Reflect………［自分を振り返る］

すべての教科に通じる「学ぶ力」を習得

クロス・カルチュラル・プログラム

沖縄での国内留学を実施。沖縄で暮らす外国人ファミリーと共に過ごし、海外生活を疑似体験します。離島での2泊の民泊で沖縄の文化・伝統にも触れます。英語を話す喜び、都会とは違う生活。人とのつながりの大切さを感じる5日間となります。

ニュージーランド3ヶ月留学

豊かな自然と高い安全性、世界トップクラスの教育レベルを誇るニュージーランドでの3ヶ月の留学。ホストファミリーの笑顔が不安なあなたをあたたかく見守ってくれます。コミュニケーション力UPの大きな自信につながる経験です。

中学校説明会【Web予約】
11月27日(金) 18：00～
12月19日(土) 14：00～
1月 9日(土) 14：00～

体験イベント【Web予約】
12月26日(土) 14：00～
※内容はHPをご覧ください

2021年度入試概要

受験区分	第1回		第2回			第3回	第4回
試験日	2/1(月)		2/2(火)			2/3(水)	2/4(木)
			午前		午後		
試験科目	2科	アクティブ	2科・4科	アクティブ	2科	2科	2科
募集人員	30名	10名	10名	10名	5名	10名	5名

武蔵野 中学校 高等学校
Musashino Junior High School & Senior High School
〒114-0024
東京都北区西ヶ原4-56-20
TEL：03-3910-0151
URL：https://www.musashino.ac.jp/mjhs/

合格カレンダーをつくろう

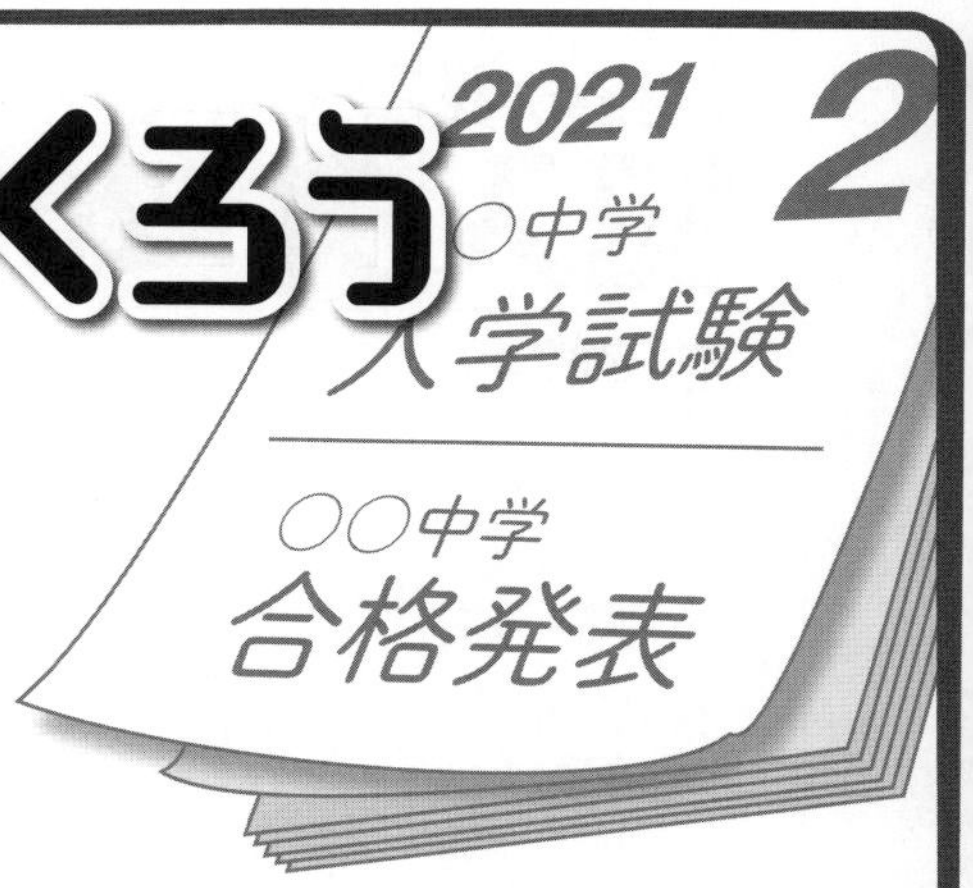

中学受験では、いくつかの学校の入試を約１週間の間に集中して受験することになります。入試日と他校の合格発表などの日程が重なることもありえます。そこで、これらの日程を整理し、家族で理解しておくのに便利なのが「合格カレンダー」です。つぎのページに見本を掲載しておきましたので、家族で話しあいながら作成してみましょう。

●家族が動くためのスケジュールづくり

合格カレンダーとは、つぎのページでしめす入試スケジュール表のことです。市販もされていますが、ご自分で使いやすいものをつくることをおすすめします。

この「合格カレンダー」は、つくって貼って終わりではなく、最大の目的は、ご家族がこのスケジュールに沿って動くところにあります。

中学受験では、いくつかの学校を受ける場合がほとんどです。ある志望校を何回も受けることもあります。

それぞれ出願、入学試験、合格発表、入学手続きの日があり、短期間につぎつぎと締め切り日がやってきます。

ある学校の入試日と、別の学校の合格発表が重なることはごく当然に起こりえます。

日程を整理し、理解しておかないと思わぬアクシデントにつながります。とくに、合格発表日と他校の入学手続き締め切り日が重なる場合は、30分、１時間のうちに結論をだしてつぎの行動に移らなければなりません。

手続きを延ばし、入学金の延納を認める学校がほとんどですが、合格発表の日は、だれがどう行動するかなど、家族間で細かく打ちあわせておくことが大切です。

まちがいを防ぐのに役立つのが、入試スケジュールを管理する、この「合格カレンダー」です。

つぎのページに「合格カレンダー」の見本があります。

左のページを拡大コピーして、右ページの見本のように書きこんで使います。横軸が時間軸、縦軸が学校です。

「合格カレンダー」を作成しておけば、どこの学校のどんな日程が、他校のなにと重複しているかが、一目瞭然となりミスを防ぐことができます。また、家族で手分けする必要がある日程を洗いだすこともできます。

このカレンダーは、ご家族全員がひと目でわかるよう、居間などに貼り、家族が情報を共有しましょう。

●合格カレンダーに書きこむべきおもなことがら

「出願」は持参か郵送かネットか、それぞれ、いつ、だれが実行するか。

「複数回同時出願」の場合の受験料、返金の有無など。

「入試当日」の集合時刻、終了予定時刻、持参するもの。

「面接」の有無、集合時刻。

「合格発表」の日と時刻、ネット発表の時刻。

「入学手続き」の締切日と時刻、入学金の額と納入方法。

「延納」の有無と**「延納金」**の額。入学手続き後の返金制度の有無、申し出期限。

「登校日」入学手続き後に登校日が指定されている場合、登校しないと入学辞退となる学校がある。

各校の要項をよく見て書きこもう！（実際には左ページを拡大して書きこみます）

記入例　2021年合格カレンダー（受験予定表）

志望校名	A中1次	B中	C中2回	D中2回	C中3回
学校最寄駅 学校電話番号	千埼駅 04＊＊－＊＊＊＊	合格駅 9876－＊＊＊＊	希望駅 5555－＊＊＊＊	未来駅 1212－＊＊＊＊	希望駅 5555－＊＊＊＊
出願期間	12月16日志願者登録 1月16日15時まで	12月20日12時から 1月22日23:59まで	1月12日9時から 1月19日13時まで	1月10日9時から 2月1日16時まで	1月20日9時から 2月3日15時まで
出願日	12月17日ネット出願 担当：父	12月20日ネット出願 担当：母	1月12日ネット出願 担当：父	1月22日ネット出願 担当：母	
1月20日（水）	試験日（母） 集合：8時20分 解散：13時				
1月22日（金）	合格発表日 ネット発表11時				
2月1日（月）		試験日（母） 集合：8時30分 解散：14時30分			
2月2日（火）			試験日（母） 集合：8時20分 解散：12時25分		
2月3日（水）		合格発表日 12時ネット	合格発表日 10時ネット	試験日（父） 集合：8時30分 解散：12時30分	※C中2回不合格の場合出願（15時まで）
2月4日（木）		入学手続日 9時～12時 47万円振り込み	入学手続12時まで ※B中の結果次第で入学手続をする	合格発表日 13時ネット	試験日（父・母） 集合：8時20分 解散：12時25分
2月5日（金）				入学手続書類 受け取り 10時から15時	合格発表日 9時ネット 入学手続16時まで
2月8日（月）				入学手続15時まで	
2月13日（土）		入学説明会日 15時 本人同伴			
各校のチェックポイント （備考欄）	※12月16日からネットで志願者登録する ※受験票はネットでプリントし当日持参 ※願書写真は5×4またはデータ登録	※試験日は弁当持参 ※願書写真は4×3を2枚 ※願書に小学校公印が必要	※ネット出願・母も見直しチェック ※手続納入金は現金50万円（辞退すれば24万円返還） ※願書写真は5×4	※願書写真は5×4または4×3 ※手続納入金は現金40万円（辞退後の返金有）	※手続納入金は現金50万円（辞退すれば24万円返還） ※願書写真は5×4

※カレンダーには、〈出願〉は持参か郵送かネット出願か、〈複数回同時出願〉の場合の返金の有無と申出期限、〈試験当日〉の集合時刻と終了予定時刻、持参するもの、〈面接〉の有無・集合時刻、〈合格発表〉の時刻と方法、〈入学手続締切〉の時刻・納入方法と金額（延納の有無）、〈入学手続後〉に納入金の返金制度がある場合には入学辞退の申出期限、手続き後の登校日などを書きこんでください。

※実際にご活用いただく際には、左のページをB4サイズに拡大したうえで何枚か複写してご使用ください。

2021年 合格カレンダー（受験予定表）

志望校名					
学校最寄駅 学校電話番号					
出願期間	月　日　時から 月　日　時まで	月　日　時から 月　日　時まで	月　日　時から 月　日　時まで	月　日　時から 月　日　時まで	月　日　時から 月　日　時まで
出願日					
1月　日（　）					
1月　日（　）					
2月1日（月）					
2月2日（火）					
2月3日（水）					
2月4日（木）					
2月　日（　）					
2月　日（　）					
2月　日（　）					
2月　日（　）					
各校のチェックポイント（備考欄）					

※カレンダーには、〈出願〉は持参か郵送かネット出願か、〈複数回同時出願〉の場合の返金の有無と申出期限、〈試験当日〉の集合時刻と終了予定時刻、持参するもの、〈面接〉の有無・集合時刻、〈合格発表〉の時刻と方法、〈入学手続締切〉の時刻・納入方法と金額（延納の有無）、〈入学手続後〉に納入金の返金制度がある場合には入学辞退の申出期限、手続き後の登校日などを書きこんでください。

※実際にご活用いただく際には、このページをB4サイズに拡大したうえで何枚か複写してご使用ください。

先輩受験生に聞きました！

どうすればいい？ なんのこと？
「ここが気になる」入試直前期

入試直前期になると、「入試制度に変更があったら…」「試し受験はした方がいいのかな？」といろいろな疑問がでてきます。そんなみなさんに向けて、先輩受験生はどう考えたのか、先輩たちも気になっていた項目についてお伝えします。

［入試制度や問題傾向の変更］

入試についてなにか変更があったらどうしようと、だれでも不安を感じるよね。でも、各校とも変更点については、受験生を混乱させないためにも、できるだけ早い時期に発表するようにしてくれる。

とくに２科目から４科目になるなど、科目数が増加する場合は、じゅうぶんな準備期間を用意できるよう、２年ほど前には発表されるから安心して。

そのほか、みんなが最も心配なのは、たくさん過去問をやっているのに、自分のときにかぎって入試問題の傾向が変わってしまうんじゃないかってことかな。そんなことはめったにないんだけど、問題を見たら「いままでと全然ちがう」なんてことが、もしもあったとしても、じつは大丈夫。びっくりしてるのは受験生みんな同じだから。

そんなことで、焦る方が大問題だよ。

［通学時間］

標準的な通学時間というのはあるのかなあ。友だちのなかには、「この学校にどうしても来たかったんだ」って、片道２時間以上かけてる人もいるよ。

だけど、中１から高３まで、６年間という長い期間、通学することになるから、通学の負担があまりに大きいのは考えものじゃないかな。先生に聞いたら、一般的にはドア・ツー・ドアで「片道90分以内」が無難だって。

そうそう、ぼくは説明会などで学校に来たとき、何分かかるかだけでなく、実際に通学する時間帯に来てみて混雑具合をチェックしたよ。

※ひと口に「片道90分以内」といっても、利用する交通機関の混雑具合や乗り換えがあるかどうか、といったことも含めて考える必要がある。「90分はあくまでも目安」として検討しよう。

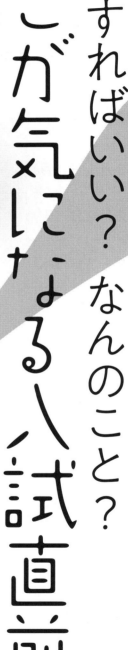

［ダブル出願］

午後入試は別にして、同じ日の同じ時間に入試が重複する２校に出願することを「ダブル出願」というんだって。実際に両親がダブル出願をしたとき、“なにやってるんだ、まちがいじゃない？”と思ったよ、ホント。でも、よく聞いて納得した。

その日より前に受けた学校の結果を見て、実際にどちらを受けるかを決めるって言うんだ。

結局、入試当日の合格発表を見て、合格したから、ダブル出願していたむずかしい方のチャレンジ校を受けてこれも受かって、いま通っているから、うまくいったってわけ。ただ受験料はもったいなかった。

※出願締切後の確定応募倍率を見てから受験校をどちらにするか決めるという場合もある。どちらにせよ、その日になって混乱することのないよう、事前に受験校決定の方針を決めておきたい。

［併願校数］

私のころ（現在中２）、まわりは３～５回（校）の併願をしていたみたい。併願校を決めるとき、お母さんは「せっかく中学受験するんだから、どこかには進学させたい」という思いが強かったんだって。私も、勉強は楽しくてしていたけど、やっぱり受かりたかったから６回も受験する計画だったの。

合格できるかどうかには重きをおかずに、「進学するかもしれない学校」として考えること、偏差値に幅を持たせて階段状に選ぶことが大切だよ。

同じ学校の複数回入試では、定員数やほかの他校の入試との兼ねあいで、難易度にちがいがでてくることがあるから塾の先生に聞いてね。

※今度の2021年度入試は新型コロナウイルス感染症の影響もあり、人との接触を避けるために併願校は減ることが予想されている。

［複数回受験］

私には入りたい部があって、いまの学校を志望したの。第１志望校だったんで、なんとか合格したいと２回、３回とチャレンジして、受かったときはすごくうれしかった。

複数回受けることで出題傾向に慣れて得点が段々取れるようになったから、合格圏内に入れたと思うんだ。複数回の受験ができたことはとてもありがたかったな。

※難関校では入試は１回のみという学校があるが、多くの学校では、２回以上の入試が行われている。また、複数回受験することで優遇措置をとる学校もある。ホームページで公表しているので調べたい。ただ、圧倒的に有利になるというものではない。公表していない学校は、そのつどの得点で合否を判断するため、出願回数による有利・不利はない。

［合格有望校］

塾の先生から、「かならず合格できるであろう合格有望校も受験した方がいい」というアドバイスをもらってたけどホントだった。受験勉強は厳しく感じてたから、つらさに耐えてがんばったのに、どこも合格できなかったら、と思うとね。

友だちで、結局、地元の公立中学校に進んだ子がいたけど、ひとつ合格有望校で合格を取っていたんで、その自信が中学での勉強や部活動でのがんばりにつながってるって言ってた。

※不合格ばかりではやりがいや達成感を得られず、無用な挫折感を持ってしまう可能性さえある。

そうした事態にならないよう、塾の先生は、これまでの経験から、合格有望校を組みこむようアドバイスしている。受験で身についた学習習慣があれば、進学後も上位の成績をおさめられるはず。

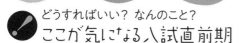

［体育実技］

ぼくはこの中学校を受けたとき、二次試験で体育実技があったんだ。むずかしい動きではなかったけど、とても緊張したよ。あとから学校の先生に聞いたら、身体の動かし方よりも指示のとおりに早く聞き取って動けたかどうか、を見ていたんだって。

※あまり多くはないが、体育実技を実施している学校がある。運動能力を試すことを目的としているように感じられるが、その実技能力によって合否を判定しようとしているわけではないという。学校側は、きちんと指示を聞き取って指示された内容に沿って身体を動かせるか、といったことを見ているようだ。だから特別な訓練をする必要もない。

実技内容はすべてが公開されているわけではなく学校説明会などで説明される。むずかしい動きはないのであまり心配や緊張することなくのぞみたい。

［試し受験］

私は東京多摩地区に住んでいるから、腕試しに埼玉の学校を１月に受けたよ。試験の雰囲気を経験できたし、そこで合格がでて安心して、いまの東京の学校にも受かったんだ。試し受験してよかったな。

※１月中に入試がある千葉・埼玉の学校を、東京・神奈川の受験生が場慣れのために受けるのが「試し受験」。ただ、場慣れのつもりが、不合格となってしまってはかえって自信をなくし、そのあとに控えている試験にも悪影響を与えてしまう。安易に受けることのないよう注意したい。試し受験をするかどうかは、お子さんの性格や実力を考慮し、各入試の難易度もしっかりと把握したうえで決めたい。

近年は交通アクセスがよくなっているので入学を前提として１月入試を受ける東京・神奈川の受験生もいる。そのため難度が向上している学校がある。

［国語］

●漢字の書き取り●

漢字の書き取りは多くの学校で出題されている。でもぼくは苦手だった。配点は大きくないけど、入試は総合得点で合格が決まるから、漢字の書き取りの得点が合否に影響することもじゅうぶんに考えられるって先生に言われたからがんばったよ。

※トメ・ハネなどの細部の採点基準は学校ごとに考えが異なるのが実情。もちろん、明らかに一画抜けている、点が打たれていないといったことはチェックされるが、基本的にはあまり細部にこだわるものではない。しかし、採点者が読みやすい文字で解答を書くのは大切なこと。ふだんから答案の文字はていねいに書く、という姿勢を身につけておこう。

国語の勉強法については、38ページでも紹介しているので参考にしてほしい。

●記述式解答●

国語の記述式解答ってむずかしいよね。

市販の問題集の解答例を見てみても、それぞれにちがうことがあるし、なんでだろうって思ったんだ。だから先生に聞いてみたよ。そしたら、記述式の解答は、絶対的な正解があるんじゃなくて、それぞれの受験生なりの答え方が求められているんだって。問題集によっていろいろな解答が載っているのは、題意のとらえ方、ポイントの押さえ方がちがうからなんだってさ。

※一般的に、題意からかけはなれてさえいなければ、部分点を与えていく採点が基本。解答しなければならない要素をきちんと押さえておくことが重要で、模範解答のような「おとなの言葉」で解答を書く必要はない。

［繰り上げ合格］

受験が終わり家族で回転寿司を食べていたとき、お母さんのスマホに第1志望校から繰り上げ合格の連絡があったんだ。私はうれしくてワサビは辛くないのにすごく泣いちゃった。お母さんも泣いてたよ。お父さんだって涙を浮かべてたんだ。

※各校によって実施方法は異なるが、合格者のなかから辞退者がでて定員を充足できないとき、繰り上げて合格させることを繰り上げ合格という。そのため、入学辞退者がいなければ、行われないことになる。繰り上げ合格は学校側の定員調整といってよく、つぎつぎと玉つきのように他校にも影響する。

学校側も繰り上げ合格の可否を決定する時期を明示するなど工夫しているが、例年の状況がかならずしも参考にならないため、繰り上げ合格は「運次第」と考え、過度な期待は持たない方が賢明だ。

［合格ライン］

私はお母さんから「完璧主義ねぇ」なんて言われる性格からか、初め算数も国語も100点取らなきゃって考えてた。でも塾の先生に「勘ちがいしてる」って言われて気づいたの。入試では各科目ともまちがうことがあってもいいんだって。それから気がラクになって勉強がとても楽しくなったよ。

※合格に満点は必要ない。入試の目的は、受験生の学力をはかること。やさしくなりすぎず、むずかしくなりすぎず、を意識して作問されている。

そして入試問題は満点が取りにくいように作問され、多くの場合、60%程度の得点をとることで、合格ラインに達するようつくられている。入試で重要なのは、得意分野での取りこぼしをなくし苦手分野では基本的な問題だけでも得点できるようにすること。みんなが解ける問題は落とさないようにしたい。

入試直前期は ゆったりとかまえて…

入試直前期に多くのかたが気になることについて先輩受験生に聞きました。

入試直前期は、いろいろな不安や心配があると思いますが、神経質にならずゆったりとかまえましょう。

入試直前期における保護者の大きな仕事はコンディションづくりです。受験生は大きなプレッシャーと闘っていますから冷静に不安を取りのぞいてあげてください。そして、本番までのさまざまな過程で、すべての手続きを確実に行い、安心して受験当日を迎えられるようにサポートしましょう。

［偏差値と合否結果］

ぼくは「逆転合格」組。合格してとても感激した受験生だった。だって12月の模試結果でも偏差値はダメダメで、いまの学校は「とてもムリ」っていわれてたから。でも、どうしてもここのサッカー部に入りたくてがんばってたら、12月の終わりごろから頭のなかの霧が晴れるみたいに、すごくわかるようになって「試験？　なんでもこい」って感じになった。最後、偏差値どれぐらいだったんだろう？

※志望校選択や合否予測をするのに目安として有益な偏差値。しかし、なかには、模試の偏差値がよかったのに不合格になることや、偏差値から考えるとむずかしいと予想されたのに逆転合格も起きる。

偏差値が判定される模試のあとに学力を大きく伸ばす受験生がいるからだ。偏差値を絶対的な基準と考えて受験校を選ぶのはミスのもとだということ。

入試当日!

わが子の背中を押す「ひと言」

親だからできる 声かけの秘訣

ここまで、入試前に準備しておくことや気をつけることについてご紹介してきました。
このページでは、ご両親がお子さんを送りだす前、最後にできる「声かけ」についてお伝えします。

「試験当日の朝はどんな声をかけたらいいのだろう」と悩まれるご両親が多くいらっしゃいます。とくに、初日の入試では受験生も保護者も緊張しているはずですから、心配になるのも無理はありません。

お子さんの性格についてはご両親がいちばんよくご存じのはずですから、その答えも当然、持っているはずです。気をつけるべきポイントを押さえ、当日のようすを想像しながら、考えていきましょう。

家族みんなでいつもどおりの朝を

入試当日の朝、最も大切なのは、お子さんがリラックスし、いつもどおりの調子で会場に向かうこと。

そんなとき、お子さんにとって心強いのは、なんといってもご両親の笑顔です。

入試時期の朝はとくに冷えることに加え、お子さんのことが心配でたまらないでしょうから、表情もこわばりがちです。しかし、わが子をサポートする最大の武器は「笑顔」です。朝、鏡に向かったとき、ちょっと口角を上げて、お子さんが安心できるような笑顔をシミュレーションしてみてください。

その日、生まれて初めて「入試」というイベントに向かうお子さんは、いままでにないくらい緊張しているはずです。ご両親、兄弟姉妹を含めて和気あいあいと、いつもどおりの朝をつくりだしてあげましょう。持てる力を発揮できると信じて、温かく送りだすことが重要なのです。

お子さんが「よし、やるぞ」「大丈夫だ!」と自らのモチベーションを高め、志望校の門をくぐることができれば、声かけは成功といえます。

朝ごはんやお弁当も、ふだんと同じでかまいません。好きなものを入れなければ、と気負う必要はありませんが、やはり嫌いなものは避けた方がいいでしょう。

要するに、いつもとちがったことをすれば、受験生をかえって緊張させてしまうことになりますから、食事においても「いつもどおり」を意識することが大切なのです。

入試直前に親がかけるべきひと言

さて、それでは入試の当日、家をでる前や校門前で受験生を送りだす直前、親はなんと声をかければいいのか、考えていきます。こちらも、本人がリラックスして会場に向かえるように、「いつもどおり」を心がけましょう。

試験にはお母さんがついていき、お父さんは会社に、というパターンも多いと思います。そうすると、お父さんは玄関で声をかけることになります。そんなとき、お父さんからは、「いつもどおりにな!」というような明るいひと言でいいのです。

入試会場で別れるときのお母さんは、「がんばれ」と声をかけるのではなく「大丈夫よ」と言ってあげた方が力になるかもしれません。

お子さんは赤ちゃんのころから、ご両親の笑顔をみることで、安心を身体全体で感じて、それをまた笑顔で返してくれていましたよね。まさに、その笑顔がお子さんをリラックスさせて、いつもと変わらぬ精神状態で試験会場に向かわせる支えになるのです。

そのやりとりは、親子のきずなとなって、これまでの12年間でお子さんの身体と心にしみついているはずです。

親子が別れるのはどこか事前に知っておこう

入試当日、保護者と受験生がどこで別れるかは学校によってちがいます。心の準備ができずいつのまにか別れてしまい、声をかけられないまま子どもの背中を見送った、ということになれば、ご両親にも後悔が残ります。そうならないためにも、学校のどこで別れることになるかは事前に調べておくといいでしょう。

「えっ、ここで最後なの?」とあわてていると、言葉足らずになりがちです。心残りにならないようにするためには、事前の下調べが肝心なのです。学校説明会などに行った際に案内がなかった場合は、志望校に通っている先輩から聞いておきましょう。

さて、そこでどんな言葉をかけるか、イメージできてきましたか?ご家族によって、お子さんによって、適した言葉はちがってきます。入試当日になれば、もうやるべきことはすべて終えていますから、「なにが起きても大丈夫」という姿勢で、お子さんと向きあいましょう。

たとえば、「試験問題を楽しんできてね」「これまでがんばってきたから大丈夫」などの声かけもあれば、「ここで待っているからね」という言葉をかけたかたもいらっしゃいます。

時間のないなかで、短い言葉しかかけられないかもしれません。しかし、ここで重要なのは心がこもっているかどうかです。強い言葉でプレッシャーを与えないようにするということは、念頭においておくべきですが、それが気をつけられていれば、お子さんの心にはじゅうぶんに響くはずです。

満面の笑顔で わが子を送りだそう

会場に向かうお子さんの背中を見送るとき、ご両親はまさに万感の思いでしょう。まだ合否はでていなくとも、そこにいたるまでの2年間、さらにこの1カ月、お子さんが努力してきたことが思いだされて、目頭が熱くなるかもしれません。

その瞬間は、お子さんの成長を実感できる時間でもありますから、胸がいっぱいになるのも当然です。

結果はどうあれ、「きょう、すべてをだしきってきてほしい」という気持ちになりますよね。その思いを笑顔にこめて、送りだしてあげるのが大切なのです。

そして、入試を終えたあとは、お子さんがどんな表情をして待ち合わせ場所に現れても、満面の笑顔で迎えてあげてください。

このコーナーのタイトルにあげた「声かけの秘訣」とは、ほかならないご両親の「笑顔」なのです。

受験生・保護者の味方

試験当日の道しるべ

入試本番が近づいてきました。試験当日をどのように過ごすべきか13の項目で確認しましょう。思わぬハプニングやトラブルが起こっても、対処法を知っておけば、安心して本番を迎えられるはずです。

Q1	試験当日の朝、早起きできるか心配……	Q8	具合が悪くなったら？
Q2	学校まで自家用車で送ってもいいですか？	Q9	午後入試はおすすめですか？
Q3	バスや電車が遅れていたときは？	Q10	子どもが落ちこんでいたら……
Q4	当日は受験生ひとりで行くものですか？	Q11	試験が終わったあとは？
Q5	学校に控え室はありますか？	Q12	合格発表を見るときの注意点は？
Q6	休み時間の過ごし方は？	Q13	もしも受験票を忘れたら……
Q7	豪華なお弁当をつくろうと思います		

Q1 試験当日の朝、早起きできるか心配……

A1 いまの時期から早寝早起きを心がけて

試験でじゅうぶんに力を発揮するためには、いまの時期から早寝早起きを心がけ、遅くとも冬期講習が始まるころまでには朝型の生活習慣を身につけるようにしたいものです。

なかには、夜遅くまで勉強する方が得意という夜型の生活を送っている人もいるでしょう。そうすると、「試験当日だけ早く起きればいいじゃん」と考えるかもしれません。しかし、早寝早起きの習慣が身についていなければ、すっきりと起きることはできず、睡眠不足の状態で試験を受けることになってしまいますから、やはり朝型に移行することをおすすめします。

なお、脳が活発に活動するのは、起床後すぐではなく、3時間くらい経ってからといわれていますので、起床時間は試験開始時間から逆算して決めます。

Q2 学校まで自家用車で送ってもいいですか？
A2 渋滞に巻きこまれないように注意

　現在はコロナ禍という状況もあり、塾関係者によって、「試験当日は自家用車でお子さんを送ってあげた方がいい」とアドバイスを受けたかたもいるのではないでしょうか。

　その際に注意してほしいのが、渋滞に巻きこまれる可能性があるということです。多くの学校で、公共交通機関以外の遅れは、遅延理由として認められていません。

　また、そうした思わぬハプニングが起こることで、受験生の精神面に悪い影響を与えるおそれもあります。じゅうぶんに余裕を持って出発するようにしてください。

　また、学校の正門まで自家用車で送り、近隣に駐車してしまうと、住民の迷惑になってしまいますので、そうした行為は控えてください。

Q3 バスや電車が遅れていたときは？
A3 まずは落ちつきましょう

　試験当日、バスや電車などの公共交通機関を利用して会場へ向かう場合、悪天候やなんらかのトラブルによって、運行ダイヤが乱れる可能性も考えられます。

　そんなときに大切なのは、まず落ちつくことです。遅刻してしまうのではないかとパニックになるかもしれませんが、多くの学校は別室で遅れた分の時間を繰り下げて受験させてくれるなど、配慮してくれます。

　ただし、対応は学校によって異なりますので、遅れた分の時間をすべて繰り下げてくれるとはかぎりません。

　Ｑ２同様、時間に余裕を持って出発することが肝心です。集合時間の30分ほど前には学校に到着できるといいでしょう。

Q4 当日は受験生ひとりで行くものですか？
A4 可能であればつき添いを

受験生が余計な不安を感じることがないように、できれば保護者のかたがつき添ってあげるといいでしょう。

Ｑ３でお伝えしたように、公共交通機関を利用した場合、運行ダイヤの乱れに遭遇《そうぐう》することも考えられます。そんなとき、受験生は「集合時間に間に合わないのでは……」と、大きな不安と焦りを感じるはずです。そんなとき、保護者のかたが隣にいてくれれば心強いはずです。保護者のかたであれば、臨機応変に対応できるので、受験生も安心して試験会場に向かうことができるでしょう。

また、まわりの受験生がつき添ってもらっていて、自分だけがひとりで来ていると、より心細い思いを感じてしまいますので、可能なかぎりいっしょに行ってあげてください。

Q5 学校に控え室はありますか？
A5 例年と異なることも考えられます

保護者向けの控え室や待機スペースを設けている学校もありますので、その場合は、試験が終わるまでそこで待つことができます。試験は長時間になりますから、本などを事前に用意しておくことをおすすめします。

ただ、小規模な学校で保護者全員を収容できるスペースがない場合や、地方の私立中学校（寮完備）の首都圏入試、学校以外の場所を試験会場とする入試は控え室自体がないこともあります。

また、2021年度は、例年と異なり、新型コロナウイルス感染症拡大防止の観点から控え室を用意しない学校もでてくると考えられます。

このように、学校以外の場所で待機することになったら、試験終了後の待ちあわせ場所を、事前に話しあっておくと安心です。

Q6 休み時間の過ごし方は？
A6 ひとりで落ちついて過ごす時間に

ひとつの科目の試験が終わると、どうしても答え合わせをしたくなってしまうものです。友だちが同じ会場にいると、とくにそうでしょう。

しかし、もしお互いの解答が異なっていたり、自分が解けなかった問題を友だちが解けていたりすると、気持ちが乱れ、つぎの科目に差し支えてしまいます。それはお互いによくないことです。

ですから、休み時間はひとりで落ちついて過ごす時間ととらえてください。たとえ手応えがなかったとしても、終わった科目を気にするのではなく、つぎの科目へと気持ちを切り替えましょう。入試は全科目の得点を合計して判断されることを忘れないでください。

また、トイレは時間が経つと混んでくるので、早めに行っておくことをおすすめします。

Q7 豪華なお弁当をつくろうと思います
A7 量やおかずに配慮が必要です

午前だけでなく、午後にも試験がつづく場合は、あらかじめお弁当を用意しておく必要があります。保護者のかたのなかには、「豪華なお弁当をつくって受験生を応援しよう」とはりきっているかたもいるかもしれません。

しかし、受験生によっては、入試に対して緊張や不安を感じ、ふだんと比べて食欲がないということも考えられます。量は、いつもと同じくらい、もしくは少なめでもいいかもしれません。

そして、おかずは消化がいいものをおすすめします。飲みものはお茶やスープなど、温かいものを保温機能のある水筒に入れて持っていくといいでしょう。入試が行われるのは寒い季節です。温かいものを飲めば、心も身体も温められて、ホッとできるはずです。

Q8 具合が悪くなったら？
A8 多くの学校で別室受験があります

試験当日、体調を崩してしまうことも考えられます。予防接種をきちんと受け、マスクをしっかりとつけて、と体調管理に万全を期していたとしても起こりえることです。

もし具合が悪くなってしまったら、無理をせず、試験会場にいる先生にすぐ相談するようにしましょう。多くの学校では保健室などの別室が用意されています。

別室受験だからといって、試験時間が短縮される、合否に影響するといったことはありませんので心配する必要はありません。

また、咳などがひどく、学校側がほかの受験生に影響すると判断した場合は、別室受験をすすめられることもあります。その場合は、指示に従うようにしましょう。

Q9 午後入試はおすすめですか？
A9 デメリットも考慮して決めましょう

年々、午後入試を導入する学校が増えてきています。同じ日に２校受験できるのは大きなメリットに感じられます。そうしたニーズがあるからこそ増加しているともいえます。

しかし、１日に２校受験するのは、受験生にとっては大きな負担でもあります。緊張や不安が増し、乗り慣れていない交通機関で移動することによる疲れもでてくるはずです。

また、どちらの学校も試験当日に合格発表が行われ、両校とも残念な結果になってしまった場合は、受験生が受けるダメージがより大きくなります。

ですから、午後入試を受けるかどうかは、お子さんの性格をふまえ、受験生の心身の負担を考慮したうえで、親子でよく相談してから決めることが大切です。

Q10 子どもが落ちこんでいたら……
A10 明るく励ましてください

試験が終わり、受験生が「うまくできなかった、きっと合格できない」と落ちこんで待ち合わせ場所に戻ってきたとしても、保護者のかたは、明るく迎えてあげてください。

これまでのがんばりを近くで見てきた保護者のかただからこそ、いっしょに落ちこんでしまいそうになったり、「あんなに勉強したのにどうして…」とつい受験生を責める言葉を言ってしまいそうになるかもしれません。

しかし、いちばんつらく悔しい思いをしているのは受験生本人であることを忘れないでください。その気持ちに寄り添い、「まだ結果はわからないよ」とポジティブな言葉で励ましましょう。そうした保護者のかたの支えが、受験生にとっては、大きな力になるはずです。

Q11 試験が終わったあとは？
A11 心と身体を休めることを第一に

つぎの日も試験が控えていると、「明日のために勉強しなきゃ」と考える受験生もいると思います。

しかし、試験を受けたことによる疲れは、本人が考えているよりも大きいものです。まずは、心と身体を休めることを考えてください。

そのうえで、時間に余裕があれば、気になるところや重要事項を確認するなど、負担にならない程度の軽めの勉強をするといいでしょう。

首都圏の私立中学入試は、日をおかず連続して行われます。ハードなスケジュールを乗りきるためにも、ひとつの試験が終わったら、つぎに備えることが大切です。

また、もし試験がうまくいかなかったとしても、その日のうちに気持ちを切り替えられるよう有効に使ってください。

Q12 合格発表を見るときの注意点は？

A12 つぎの試験に気持ちを向けること

結果に一喜一憂しないことが、合格発表を見る際に、いちばん大切なことです。

とくに注意したいのは、試験当日に、ホームページ上で合格発表を確認することです。翌日にも試験がある場合は、その結果がつぎの試験に影響してしまうおそれもあるからです。

合格だった場合は、気持ちが高ぶって遅くまで寝つけず、翌日、睡眠不足になってしまうかもしれません。もし不合格であったなら、落ちこんでしまうでしょう。その気持ちを引きずったまま、つぎの試験にのぞむのはいいことではありません。

合否は気になるものですから、もちろん見てかまいませんが、合格、不合格、どちらの結果であっても振り回されることなく、つぎの試験に気持ちを向けましょう。

Q13 もしも受験票を忘れたら……

A13 臨機応変な行動を

忘れてはならない受験票。しかし、忘れてしまったり、他校のものをまちがえて持っていってしまう可能性もゼロではないでしょう。

もし忘れてしまったら、臨機応変に対応してください。気づいたのが、出発後すぐであれば、自宅に取りに戻ってもかまいません。

ただ、すでに電車に乗っていた、もうすぐ学校に到着するといった場合は、遅刻しないためにも、そのまま向かいましょう。そして会場に着いたら係の先生に相談してください。多くの場合、受験は認められますし、合否に影響することもありません。

受験票を忘れた場合は、上記のように対応しますが、忘れることがないよう、左ページの「忘れものチェックリスト」を活用してください。受験する学校分コピーして、入念に準備しましょう。

月　　日(　)

中学校用　　受験番号

項　　目	必要	チェック	備　　考
受験票			他校のものとまちがえないこと
筆記用具			鉛筆・ＨＢを６～８本。鉛筆をまとめる輪ゴム。小さな鉛筆削りも。シャープペンシルは芯を確認して２本以上
消しゴム			良質のものを３個。筆箱とポケット、カバンにも
コンパス			指示があればそれに従う
三角定規			指示があればそれに従う
参考書・ノート類			空いた時間のチェック用。お守りがわりにも
当該校の学校案内			面接の待ち時間に目をとおしておくとよい
メモ帳			小さなもの。白紙２～３枚でも可
腕時計			電池を確認。アラームは鳴らないようにしておく
お弁当			食べものの汁が流れないように。量も多すぎないように
飲みもの			温かいお茶などがよい
大きな袋			コートなどを入れて足元に
ハンカチ・タオル			２枚は必要。雨・雪のときはタオル２枚も
ティッシュペーパー			ポケットとカバンのなか両方に
替えソックス			雨・雪のときの必需品
カバン			紙袋は不可。使い慣れたものを。雨のとき、カバンがすっぽり入るビニール袋も便利
お　金			交通費等。つきそいだけでなく本人も
交通系ICカード			Suica、PASMOなど。バスや電車の乗りかえに便利
電話番号（なんらかの事態発生時のため）			受験校（　　） 塾（　　） 家族携帯（　　）
上ばき			スリッパは不可。はき慣れたものを
雨　具			雨天の場合、傘をすっぽり入れられるビニール袋も
お守り			必要なら
のどあめ			必要なら
携帯電話（保護者）			緊急連絡用。ただし試験場には持ちこまない
願書のコピー（保護者）			面接前にチェック。願書に書いた内容を聞かれることが多い
ビニール袋			下足を入れたりするのに便利
カイロ			使わなくとも持っていれば安心
マスク			感染症の予防にはやっぱりこれ
アルコールスプレー			新型コロナウイルス感染症対策はおこたりなく！

＊必要受験校数をコピーしてご利用ください。

知ってほしい月経のこと

女の子のためのこころとからだのケア

小学生のみなさんは、月経について知っていますか。もしくは、生理という名前で聞いたことがあるかもしれません。月経は女の子にとって、とても大切なことです。でも受験を控えたこの時期、月経によって心と身体が不安定になりがちです。みなさんも月経のことをよく知り、じょうずに月経とつきあって、落ちついて試験にのぞんでください。

月経とのつきあい方を身につけましょう

これから本格的に試験勉強に取り組んでいく時期になりました。女の子にとっては月経というものが始まり、心と身体が変化していく時期でもあります。月経は女の子が「おとな」になっていくための大切なものです。ですが、月経の始まる時期は、人によってそれぞれです。まだ初経を迎えていないお子さんは、「いつ」「どのように」月経が始まるのか不安に思いますし、すでに月経が始まっているお子さんも、「受験勉強中の体調管理」や「試験当日に月経になってしまったらどうしよう」といった心配を感じているのではないでしょうか。

このような不安を取り除き、じょうずに月経とつきあうことで、お子さんが安心して試験日を迎えられるようにしてあげたいですね。

ご家庭での準備が大切

月経で困ることのほとんどは、前もって準備しておくことで解決できるものです。お子さんの不安な気持ちを取り除いてあげられるように、月経についてご家庭で話しあってください。

まだ初経が始まっていないお子さんも、実際にナプキンの使い方を試してみるのもいいでしょう。使用したあとのナプキンの処理の仕方についても教えてあげます。そして、いつどこで月経になっても大丈夫なように、ふだんから月経に必要な生理用品をお子さんのカバンに入れておくといったことも大切です。お子さんといっしょに確認してみてください。

学校でも宿泊行事の前などに月経についての授業を受けることがありますので、その機会に説明をしてあげるといいと思います。

最後に、月経に対する周囲の理解も必要です。お子さんが不安や不調におちいったとき、男性や男の子には女の子の身体の変化は理解しにくいものですが、思いやりを持てるように、男の子のいるご家庭でも女の子のそうした身体の変化を教えてあげてほしいのです。

Q 月経はいつなるの？

A 初めて月経を迎えることを初経といいます。では、初経はいつごろなるのでしょう。目安としては身長が150㎝、体重が40㎏、体脂肪率が15％を超えたころといわれています。急に背が伸びてきたり、体重が増えてきて身体が女性らしい丸みをおびてきたら、初経が近いかもしれません。

Q 突然の月経でショーツや洋服を汚してしまったら

A 月経は急に始まります。カバンのなかに、ショーツと薄いナプキンを入れたポーチをふだんから入れておくことをおすすめしますが、初めてのときは用意できていないことがほとんどでしょう。もし持っていなければ学校でしたら保健室へ行きましょう。養護の先生が相談に乗ってくれるはずです。

汚したショーツは、おうちに帰ったらお子さん自身で洗うようにしましょう。

経血はお湯だと固まって落ちにくくなってしまうので、かならず水かぬるま湯で洗います。石けんを使ってモミ洗いするとよく落ちます。

これから月経を迎える女の子向け

Q これから月経が始まると思うと不安です

A 月経に対してなんとなく不安を感じている女の子は多いかもしれません。受験が近くなれば、なおさら強く感じることでしょう。

しかし、初めての月経は小さな女の子が「女性」となり、新しい命を産める身体になっていくための、大切なできごとです。月経は、けっして面倒でいやなものではありません。月経はおとなの女性だったら、だれにでもやってくる自然なことなのです。女性の先輩であるお母さんなどに相談相手になってもらい、ふだんから月経を前向きにとらえられるようにしておきましょう。

Q どのような準備をするの？

A いつ初経を迎えても大丈夫なように、ふだんから月経に必要な生理用品を用意しておきます。ポーチにナプキンを２～３個と生理用ショーツを入れて、いつも使うカバンに入れておくなどの準備をしておけば、急に初経がきてもあわてることがありません。

ナプキンの使い方をおうちの人に聞いて、実際に試してみるのもいいでしょう。おとなと子どもでは快適と感じるナプキンの種類がちがうこともあります。自分に合ったナプキンを見つけておけば安心ですよ。

使ったあとのナプキンはトイレに流さない、個別ラップでくるむといったエチケットもいっしょに覚えておきましょう。

月経のときのお風呂効果

身体が冷えて月経痛などがひどいときは、お風呂に入ってゆっくり湯船につかるのが効果的。月経のときのお風呂は、身体を清潔に保ち、月経の不快感を和らげてくれます。お湯に経血が混じることが気になるかもしれませんが、お湯の水圧がお腹にかかって、お風呂のなかではほとんど経血はでないことがわかっています。

もちろん、貧血ぎみや体調が悪いときは無理せずシャワーですますなど、じょうずに利用してください。

Q 月経が不規則です

A 月経が始まる前には、おりものが増えたり胸が張ったりします。ほかにも便秘や下痢、ニキビができたり、肌が荒れたり、また精神的にはイライラや憂うつなど、気持ちが不安定になることもあります。こうしたいろいろなサインが身体に表れますので、ふだんから気をつけてみてください。

月経の周期を記録しておくことも大切です。月経周期がわかってくれば、つぎの月経日の目安になります。とはいっても、初経を迎えてすぐの場合は、周期的に月経がくる人は全体の半分くらいです。とくに受験期にはストレスによって月経の周期が変わることもあります。月経が止まったり、逆に受験当日に突然来てしまうことも考えられます。いつもナプキンを携帯してカバンに入れておくと安心です。

Q 憂うつなときに元気になれる方法を教えて

A 食生活に気をつけたり、カモミールやペパーミントなどのハーブティーを飲むのも、身体を温めてくれるのでおすすめです。また、適度な運動も効果的です。

ほかにも、大好きな音楽や香りで元気になる方法もありますし、ぐっすり眠れるように寝具や照明を工夫したり、ミルクを人肌に温めて飲むのもいいでしょう。自分なりの気分転換法を見つけ、元気に過ごしましょう。

月経痛体操

1 あお向けに寝て、そろえた両膝をあごに近づくまで上げてから、ゆっくり元に戻す動作を10回ほど繰り返す。

2 うつぶせで腕と膝を立て、猫のように背中を丸めたり伸ばしたりします。

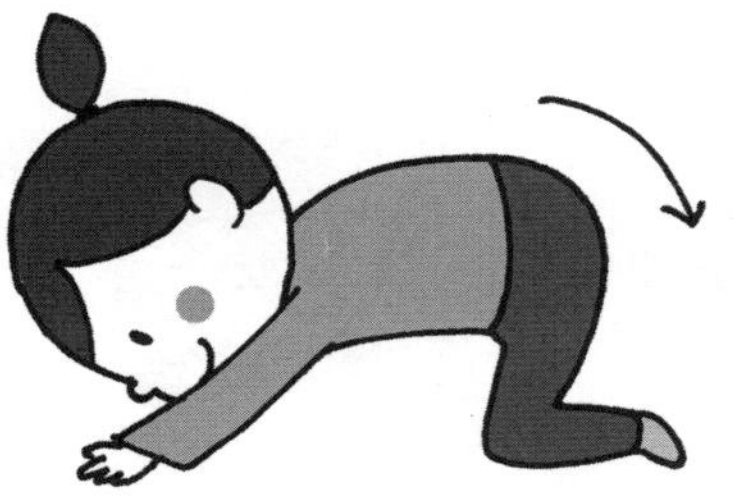

すでに月経を迎えた女の子向け

Q 月経前は勉強に集中できない！

A 生理前にはお腹や腰が重くなり、なんとなく勉強に集中できないことがあります。このような症状を和らげるために、生活面でできることがいくつかあります。たとえば、食生活ではお茶やコーヒーなどカフェインの多いもの、またインスタント食品といった塩分の多い食品などをたくさんとらないように気をつけてください。甘いお菓子を食べ過ぎたり、眠気をさますためといって、カフェイン飲料をたくさん飲んでしまうと、かえって月経前症候群が悪化してしまいます。

月経前症候群とは、月経前のおよそ２週間、ホルモンのアンバランスにともなって起こるさまざまな症状のことです。腹痛や頭痛、乳房の痛み、疲れやすい、眠くなるなどの身体症状、イライラ、無気力、憂うつなどの精神症状などがよく知られています。

思春期にはとくにバランスのとれた食事がとても大切です。無理なダイエットにも注意してください。

Q 月経痛でお腹や腰が痛いときはどうすればいいの？

A お腹が痛いときは、毛布や使い捨てカイロなどで下腹部を温めたり、月経痛体操で骨盤内の血流をよくすることが効果的です。

それでも月経痛がひどい場合は、早めに痛み止めを飲むという方法もあります。痛み止めは市販のものでいいですが、薬を飲む量や間隔はきちんと守ってください。胃の不快感や眠気など副作用をともなうこともあるので頭痛・歯痛のときなどに飲み慣れている薬が安心です。

また、痛み止めが効かないほどひどい場合は、早めに産婦人科のお医者さんに相談してみてください。

Q 試験会場で急に月経が始まってしまったら

A 大丈夫だと思っていても、試験会場で急に月経がきてしまうことも考えられます。

もしもそのときにナプキンがなければ、清潔なハンカチやハンドタオルをたたんでナプキン代わりにしてください。トイレットペーパーを多めに重ねても代用できます。

お昼休みなど時間が取れるときは、恥ずかしがらずに試験官の先生に相談してみましょう。保健室には備えつけの生理用品があるはずです。

Q もし洋服を汚してしまったら

A 試験会場など、外出先でスカートなどの洋服を汚してしまったら、セーターやトレーナーを腰に巻いてしまいましょう。コートがあるなら、はおってしまえば隠れてしまいます。

試験日に月経が重なってしまったときは、あらかじめ長めのナプキンを使っておくといいと思います。

試験会場のトイレは混みあうこともあるので、休み時間など替えられるときに替えるようにしておきましょう。

試験当日困ってもあわてなくて大丈夫

Q 試験当日に月経がきてしまいそうで不安なときは

A そろそろ月経になりそうで不安だと思ったら、試験当日の朝からナプキンを下着にあてていくといいでしょう。試験日には受験票や筆記用具などの持ちものといっしょに、ナプキンやショーツといった生理用品を用意してください。

ほかにも、いざというときの痛み止め（頭痛・歯痛などで使い慣れたもの）を持っていったり、万が一、経血がモレてしまってもめだたないような黒っぽい色の暖かい服装ででかければカンペキです。

前もって準備し、心がまえをしておくことで、月経で困ることのほとんどが解決できるものです。あとはいつもどおりの自分でしっかり試験にのぞめるようにしてください。

受験成功体験談

保健室での受験でも第1志望校合格！

有名私立中学校在学生・母　K・Mさん

私の娘は、試験の前日に生理になりました。初経は5年生の2月でしたが、まだまだ不規則でしたので、まさか試験日と重なるとは考えていませんでした。

初日はさほどの痛みはありませんでしたが、生理2日目の試験当日、朝起きたら急にお腹が痛いといって、ぐあいが悪くなってしまいました。第1志望校の大切な試験ということもあって、母娘ともにどうしたらいいのかわからず、すっかりあわててしまいました。薬はありましたが試験当日に初めて使う勇気はなく、娘はパニックに近い状態で部屋に閉じこもってしまいました。

試験会場へ行けたとしても、この状態では試験の最中に退出することも考えられるので、広い受験会場で途中退出できるかどうか、とりあえず受験をする学校へ問い合わせをしてみました。すると、電話で応対してくれた事務のかたから、最初から保健室での受験をすすめていただきました。電車にも乗って行けないような状態でしたので、会場まで車で送っても大丈夫といわれて、ほんとうにありがたかったです。時節がら、インフルエンザのお子さんもいると思うので、そのことについても確認しましたら、インフルエンザのお子さんは別室を用意しているとのことでした。

保健室受験ができると聞いて、やっと娘も安心して、落ちついて試験を受けることができました。万全の態勢でのぞんだ試験ではありませんでしたが、学校側に配慮してもらい、当日の娘のがんばりもあって、無事に第1志望の学校に合格することができました。

受験を終えて感じることは、もうすでに月経を経験しているお子さんで、しかもお子さんの生理痛が重いようなら、一度病院に相談して薬を処方してもらうといいと思います。これは私の反省点でもあります。娘もそうでしたが、試験などの行事のときには、そのプレッシャーが身体に影響をおよぼして、予定外に月経が起こることがあると思います。もしものときのことを考えて親子で準備をしておくことをおすすめします。

グローバル教育出版の本

子どもたちの学びを促す魔法の書

12歳までに必要な学力

淡路《あわじ》 雅夫《まさお》／著
（淡路 子育て支援教育研究所主宰）

幼稚園、保育園に通うお子さんを持つご父母へ。
また、小学校に通う子どもを持つ保護者の方へ。
中学校に上がる前に育んでおきたい資質と
身につけておきたい学力について、
子育てのベテランがつづった
「子どもたちの学びを促す魔法の書」です。

内容紹介

四六判並製 192ページ
定価＝本体 1,200 円＋税
ISBN978-4-86512-202-2

現代の子育ては、社会や家庭の『面倒見』が進んで親が一生懸命になり過ぎ、かえって「子育て不安」を助長しています。とくに、子どもの主体性や自律心を伸ばすためには、幼児期の指導が重要になります。幼児教育が、人生の土台づくりになるからです。幼児教育者とのパネルディスカッションの中に、面倒見のヒントがたくさん提示されています。――― 著者

ご購入は http://www.g-ap.com

グローバル教育出版
〒101-0047 東京都千代田区内神田 2-5-2 信交会ビル３階　電話 03-3253-5944　FAX03-3253-5945

心配ご無用！

withコロナで迎える 公立中高一貫校入試

首都圏の公立中高一貫校の入試が、いよいよそこまで近づいてきました。首都圏で最も早く入試を設定している千葉県立2校（県立千葉、県立東葛飾）では来週早々、いち早く願書出願が始まり（11月16日～18日）、適性検査は12月5日（一次）に迫っています。このページでは、公立中高一貫校の入試当日までの残された日々に、受検生・保護者ができることに焦点をしぼってお伝えします。

まず初めに、例年とはちがう入試形態への変更について、新型コロナウイルス感染症予防の観点からの変更も含めてみていきます。

なお、高校入試で実施されているインフルエンザや新型コロナウイルス感染症罹患《りかん》に対する救済措置「追検査」は、中学入試では公立中学校への進学が確保されていることから、たとえば新型コロナウイルス感染症罹患者との濃厚接触者に認定された受検者の欠席についても、追検査が実施される情報はありません。

ただし、いずれの学校も今後の新型コロナウイルス感染症の行方によっては募集要項に改定が加えられることがあるとし、各校HPを注視してほしいとしています。

東京

◉募集人員

東京都で、最も大きい変更は、都立の併設型中高一貫校の2校が募集人員を増やすことです。富士高附属と武蔵高附属の両校で、定員を120人（男女各60人）3クラスから160人（男女各80人）4クラスの「40人増」としています（94ページ入試日程一覧表参照）。

これは、都立の併設型校が高校募集を取りやめ、中等教育学校（高校募集をしない6年一貫教育校）へと移行していく施策の第1弾です。

都立の併設型一貫校5校の高校募集については、受検生数が好転せず都の教育委員会は5校とも中等教育学校に移行することを決め、昨年年頭に公表しました。高校募集定員の40人を各校とも中学募集定員に移すことになります。この2校を皮切りに翌2022年度入試で両国高校附属と大泉高附属も移行します（白鷗高附属の移行期は現時点では未定）。

これら高校から中学募集に移行する際、どれほどの募集人員が移されるかが注目されていました。というのも、これまでそれぞれの併設高校では2クラス計80人を募集していました。これがそのまま移行すると全5校で400人もが都立中学全体で増えることになるからです。

結局、今回の発表では1校40人増に落ちつくこととなり、来年移行の3校も同数と考えられますので、5校計で200人増やされることになりました。

近年、都立の中高一貫校の人気は一段落したかにみえていましたが、近くトータル200人の定員増により少し入りやすくなるわけですから、これを機に再び人気に火がつくかもしれません。

◉出願受付

新型コロナウイルス感染症予防の観点からの変更についてみていきます。

千代田区立九段中等教育学校では、出願受付をこれまで窓口で行ってきましたが、区分B（千代田区民以外の受検者）については郵送受付に変更されます（1月7日～12日必着）。

区分A（千代田区民の受検者）は従来どおり九段校舎での窓口受付です（1月13日～14日午後3時）。

これは受付時の「密」を避けるための措置です。

郵送受付といえば、都立の中高一貫校の出願受付は、従来から各校が指定する近隣の「郵便局留」での郵送受付（1月12日～1月18日）です。ただし白鷗高附属は「海外帰国・在京外国人生徒枠募集」との併願の場合は西校舎窓口で1月11日～1月12日正午までの受付です。

◉出題範囲

都立高校では今般の受検に関して長く休校措置が取られたことから、出題の範囲を狭めることを発表していますが、公立の中高一貫校については、もともと学力検査ではなく適性検査を実施することが建前で「出題範囲」の概念がないため触れられていません。

ただし、国立の筑波大駒場では、入試の4科目（国語、算数、社会、理科）について小学校6年生の学習範囲のうちから除外する項目をHP「臨時のお知らせ」のなかで発表しています。ただ、もともと学習範囲に関係なく思考力を問う問題が多いことから大きな影響はないと考えられます。しかし、HPに目をとおしておくことは必要です。

筑波大附属（4科目）、小金井校を除く東京学芸大附属各校は、本誌締切（10月13日）までには出題範囲についての言及は確認できていません。

お茶の水女子大附属は、従来入試の4科目（国語、算数、社会、理科）の検査から、今般の入試より思考力を重視した3種類（左記）の検査への変更が発表されています。他の公立中高一貫校の適性検査に似たものと考えられ、出題範囲の概念はありません。

- 検査Ⅰ（「算数」の知識・技能　数理的思考力）
- 検査Ⅱ（「国語」の知識・技能　情報活用能力・言語運用能力）
- 検査Ⅲ（「理科」「社会」の知識・技能　自然科学や社会科学からの視点　社会的、科学的思考・判断・表現等の力　教科の枠を超えた思考・判断・表現等の力）

これらの検査の詳細は同校HPに詳しく紹介されています。

なお、国立大附属各校の出願は従来どおりで、筑波大附属はネット出願のみ（12月20日～1月8日）、筑波大駒場は郵送（1月12日～14日消印有効）、お茶の水女子大附属は窓口受付ですが現時点では日程ともに変更があるかどうかは未発表です。

東京学芸大附属各校は本誌締切までに募集要項未発表の学校もあり、出願も郵送のみの学校と窓口でも受け付ける学校があり、出願日程などもまちまちです。

また、入試科目では適性検査型の学校もあります。4科目型の学校のなかで附属小金井中などでは出題範囲除外部分を公表しています。同校の発表では「出題範囲とする」「……しない」が混在していますので注意が必要です。とくに理科は小学校6年生の学習範囲はすべて除外されています。

いずれも各校のHPでご確認ください。

神奈川

◉検査内容変更

神奈川県立の2校（相模原高附属、平塚高附属）で実施されている「グループ活動による検査」は受検生の「密」を回避する目的から、今般の入試では実施が見送られています。従来から個人面接は実施されておりませんので、検査は適性検査ⅠとⅡのみになります。

川崎市立川崎高附属では個人面接が実施される予定です。

◉出願受付

出願は、神奈川県立、川崎市立、横浜市立（市立南高附属、市立横浜サイエンスフロンティア高附属）の中高一貫校ともに、各学校あての簡易書留による郵送受付です（1月6日～8日消印有効、ただし川崎市立川崎高附属のみは1月5日～7日消印有効）。

千葉

◉検査内容

冒頭で述べた千葉県立の2校はまもなく出願受付が始まります。両校では二次検査当日（1月24日）午後、個人面接が予定されています。

千葉市立稲毛高附属でも同日の入試（午後）で個人面接が実施されます。

◉出願受付

県立2校の出願は、原則は窓口受付ですが、簡易書留・配達日指定の郵送でも受け付けています。しかし、窓口にて即日受験票が交付されますので、窓口受付を推奨しています。

千葉市立稲毛高附属の出願は窓口受付のみ（12月3日～4日午後4時30分）です。

埼玉

◉検査内容

埼玉県の中高一貫校では、さいたま市立浦和と川口市立高附属の詳しい募集要項は未発表でしたが、埼玉県内の中高一貫校の入試形態は変更なく実施されるものと思われます。

県立伊奈学園二次、さいたま市立浦和二次の個人面接、同大宮国際二次の集団活動、川口市立高附属の集団面接についても本誌締切までに変更の情報はありません。

◉出願受付

県立伊奈学園は窓口受付12月25日と28日正午、川口市立高附属も窓口

受付、同25日（午前・男子、午後・女子）～26日（男女）12時。

さいたま市立では市立浦和が窓口受付で1月5日（午前・女子、午後・男子）～6日（男女）、大宮国際は窓口※受付が1月5日（午前・男子、午後・女子）～6日（男女）です。5日の受付では両校で男女の受付が逆になっています。両校の一次（市立浦和1月16日、大宮国際1月17日）に志願できるゆえの配慮ですが、両校の一次に、ともに合格しても二次は1校しか受けられません。

茨城

◉新設

茨城の公立中高一貫校は「令和の大増設」で2020年春の入試から一気に10校が新設されます。今春の5校開校につづき、今般の2021年度入試では第2弾の有力3校が新設されることになり注目が集まっています。その3校とは、県立トップ校の水戸第一と土浦第一にそれぞれ附属する中学校と、計画10校のなかで唯一の中等教育学校、勝田中等教育学校です。

今春開校の5校（太田第一高附属、鉾田第一高附属、鹿島高附属、竜ヶ崎第一高附属、下館第一高附属）よりもインパクトが強く、公立中高一貫校に向かう風は強くなりそうです。

なお2022年度は下妻第一高附属、水海道第一高附属が開校予定で、令和の大増設10校が完成します。

※大宮国際は1月5日期日指定の郵送でも受け付けます

心配ご無用！ いまからできる公立中高一貫校対策

公立中高一貫校の適性検査は、けしてやさしくはありません。さまざまな角度からの出題がなされ子どもたちを悩ませます。しかし、ここまでがんばってきたみなさんは、そんな問題にも果敢に挑戦できることでしょう。適性検査の日が近づけば近づくほど、ご家族みなさんがにっこり笑って「大丈夫！」と言える余裕を持つことが大切です。

首都圏に23校の公立中高一貫校

各校とも独自の適性検査でふさわしい生徒を集めたい

東京、神奈川、千葉、埼玉、いわゆる首都圏では公立の中高一貫校が増えつづけています。昨年の春、さいたま市に開校した市立大宮国際に加え、今般、1期生を募集する川口市立高附属で、首都圏で23校が開校しました。

このほか、茨城では右記のとおり、今春から3年かけて、一気に10校の公立中高一貫校が誕生します。

茨城には一昨年までに県立並木など3校が開校していましたが、さらに10校の大増設には驚かされます。これまで首都圏で最も多かった東京（千代田区立九段を含めて11校）をしのぐ学校数を誇る茨城となりました。

茨城では中高一貫教育のニーズを掘り起こしての大きな人気の高まりは、まだ感じられていなかったのですが、高い難関大学進学実績を誇る水戸第一、土浦第一の開校で202

1年度入試からは反攻に転じる気配はじゅうぶん感じられます。

　さて、これだけ公立中高一貫校が増えてくると、各校とも独自色をだすのが大変です。

　昨春、注目の開校を遂げた大宮国際は、適性検査でも英語の問いかけがあるなど、かなり個性的でした。首都圏で「国際」を打ちだしたのは、国立の東京学芸大附属国際、東京都立立川国際につぐものでしたが、グローバル志向は出色です。

　来春開校の川口市立高附属の施設は私立高校もうらやむような充実ぶりで、体験と探究を重視した教育を標榜しており、フタを開けるのが楽しみです。

取り組みたい ふたつのポイント

　さて、公立中高一貫校の受検が迫ってきたいま、保護者のみなさんはどんなことに気をつけて「直前期」を過ごしたらいいのでしょうか。

　保護者が取り組まねばならないこと、それは大きく分けてふたつあります。ひとつは受検生に寄り添って、過去問のデキの精査など学習面の総まとめと体調管理です。

　そして、もうひとつは入学願書提出の準備です。

　54ページを参考に、顔写真は撮影期間などにも注意をはらいましょう。指定期間に注意しながら、日程に余裕があるうちにすませておくのがおすすめです。

この時期は過去問対策が最も大切

各校の適性検査には それぞれに特徴がある

　適性検査に対する準備として、この時期に入ったら、勉強の中心は「過去問攻略」となります。

　この時期になっても志望校にまだ迷いがあるご家庭もあるかもしれません。しかし、過去問に取り組む時期がきています。

　有効に過去問に取り組むためにも志望校をしぼりこんでください。

　同じ公立中高一貫校といっても、適性検査問題には各校それぞれに特徴があります。各校における過去の適性検査問題は、それぞれのＨＰで公表されていますので、まずはダウンロードしてみましょう。

　千葉県立、稲毛市立の3校については、過去の適性検査は学校ＨＰには掲載されていませんので、塾に相談してみましょう。

　また、作文の課題文が著作権問題をクリアするために隠されている場合があります。これも塾に相談して、実際にはどんな文章が掲載されていたのかを知っておきましょう。

　東京都立10校では、2015年度から、共同作成問題（同10校による）を柱として、一定の割合で各校の独自問題が含まれる方式となりました。

　各校の独自問題については、これまでの各校の過去問が参考になります。各校とも歴代の過去問が掲載されており、共同作成問題も数年分を見ることができます。

　各校ＨＰにある「募集要項」のなかに、どの大問が独自問題で、どの大問が共同作成問題かは掲載されています。

　独自問題には、その学校ごとの特徴がでていますので、まずはそれぞれの学校の過去問に取り組んでください。

　各校が試したい学力が、最も特徴的な出題となる適性検査Ⅲ（独自問題）を課す学校は10校のうち6校です（94ページ参照）。

　東京都の適性検査は、どの問題も試験時間45分で解くのを原則としていますが、適性検査Ⅲだけは30分の学校があります。これも各校ＨＰの「募集要項」で確認できます。

　さて過去問は、ダウンロードして印刷、それをお子さんに手渡して終わりではなく保護者がまずよく見て、検討、分析しましょう。

　公立中高一貫校の適性検査は、国語、算数、社会、理科を横断的にまとめた融合問題です。表、グラフ、写真などから読み取る内容や、問題文から条件を見抜く力も試されます。

　国語では出題に対して作文で解答する大問があります。過去問で「なにを答えさせようとしているのか」、その傾向や、作文の字数を確認しておきましょう。

　これからの時間はアッという間に進んでいきます。入試前1カ月を過ぎ、直前期に入ったら、過去問をすべて解き直す時間はありません。ですから残りの時間では、「解答として求められていることはなにか」を考える習慣をつけましょう。

　その解答を得るための条件はなにとなにかについて、親子でいっしょに考えながら、過去問に目をとおしていきましょう。

思考力・表現力は作文で試される

何字以内の作文で何分で書けばいいのか

公立中高一貫校の適性検査では「思考力、判断力、表現力」が試されます。そのうち思考力と表現力を試すのが「作文」です。

直前期になると弱点の補強はなかなかできません。しかし、作文は書けば書くほど力がつきます。

作文だけのために多くの時間は取れませんが、新聞記事には、毎日目をとおすようにしましょう。読解の練習にもなりますし、社会における時事問題の知識は欠かせないものだからです。

そして、週に1～2回は、新聞に掲載されているコラムや社説、記事を選び、字数を決めて要約したり、要旨をまとめる練習をしましょう。さらに、その記事で自分が感じたことを短くまとめる練習もするのです。

公立中高一貫校の作文は、400字から600字前後の字数を求められますが、字数は各校で異なります。

埼玉県立伊奈学園は、すべての問題に短い作文（記述）で答えます。

受検校の過去問で、求められる字数を確認し、その字数で練習するようにします。字数については読点、句点も1字ですが、一番上のマスに読点、句点がきた場合などはどうするのかも、各校の過去問の注意事項を見て確認しておきましょう。

また、時間配分も大切です。読解する時間、考える時間、ていねいに書く時間、見直す時間を割りふって練習します。

書きっぱなしではなく点検することが大切

直前期には、練習した作文のすべてを塾の先生が点検する時間はなくなってきます。見ていただけたとしても、「すぐに」とはいかないでしょう。点検が作文をした時点から時間が経ってしまい、子どもが書いたときのことを忘れてしまっていては、あまり意味がありません。

そこで、日々の作文練習は親が目をとおすことが必要になります。

では、どのようなことをポイントにして、作文を点検したらいいのでしょうか。

作文問題のほとんどは、まず課題文がしめされ、それを要約したり、作者が言いたいことをまとめたりする出題となります。

課題の長文が2題しめされ、共通した主張をまとめて作文することを求められる学校も多くなりました。さらに、課題文から自分の考えを導いて書く、というものもあります。

ですから、作文を点検するときには、まず、課題文の内容をふまえて書いてあるかどうかをみます。

課題文に対して、自分が感じたことや、自分の考えを書く問題に対しては、自らの体験を盛りこんで意見を書くようにすると字数を達成できるようになります。志望校の過去問が、このようなタイプの作文なら、新聞のコラムは要約するだけでなく、そのコラムに対して自分ならどうするか、どう思うか、よく似た体験はなかったか、ということを考えながら作文をするようにし、自分の意見をかならず入れるようにします。

また、段落の設け方にも目を向けましょう。まったく段落のない文章はいただけません。話の区切りでは段落を分けるようにします。最低でも、自分の意見や主張、結論の前には段落が必要です。たとえば「三段落に分けて」など、分け方を指定される学校もあります。

この時期なら「です・ます調」と「で・ある調」の混在はなくなっていると思いますが、まだ、混ざっているようなら、注意不足に尽きますので、書き上がったあとの見直し時間での注意を徹底させます。

受検生自身は、自分の書いた文章を振り返り、見直すのは苦手なものです。「面倒くさい」と感じるのも理解できるところでしょうが、そのことが合格につながることを自覚させましょう。

「ら抜き言葉」などもよく点検してください。また、最近の子どもたちは日常で「ちがって」というべきところを、「ちがくて」や「ちがうくて」と発音することが多くなっています。それをそのまま文章でも使ってしまうことがありますので、見逃さないようにしましょう。

作文は言いたいことが読み手に伝わらなければ意味がありません。お父さん、お母さんが「これじゃわからない」なら、なにを言いたいのかを言葉で説明させて「それなら、ここをこう工夫したら伝わるよ」と肯定感を持たせながら、「伝わる喜び」を重ねていきましょう。

2021年度 首都圏公立中高一貫校入試日程一覧

※新型コロナウイルス感染拡大状況により、日程や検査内容については今後変更される可能性があります

東京	募集区分	募集人員	願書受付 開始日	願書受付 終了日	検査日	発表日	手続期限	検査等の方法
都立桜修館中等教育学校	一般	男女各80	1/12	1/18	2/3	2/9	2/10	適性検査Ⅰ・Ⅱ
都立大泉高等学校附属中学校	一般	男女各60	1/12	1/18	2/3	2/9	2/10	適性検査Ⅰ・Ⅱ・Ⅲ
千代田区立九段中等教育学校	区分A※1	男女各40	1/13	1/14	2/3	2/9	2/10	適性検査1・2・3
	区分B※2	男女各40	1/7	1/12	2/3	2/9	2/10	適性検査1・2・3
都立小石川中等教育学校	特別※3	男女各80（含特別5以内）	1/12	1/18	2/1	2/2	2/2	作文・面接
	一般		1/12	1/18	2/3	2/9	2/10	適性検査Ⅰ・Ⅱ・Ⅲ
都立立川国際中等教育学校	海外帰国・在京外国人	30	1/11	1/12	1/25	1/29	1/29	作文・面接
	一般	男女各65	1/12	1/18	2/3	2/9	2/10	適性検査Ⅰ・Ⅱ
都立白鷗高等学校附属中学校	海外帰国・在京外国人	24	1/11	1/12	1/25	1/29	1/29	作文・面接
	特別※4	男女各68（含特別6程度）	1/12	1/18	2/1	2/2	2/2	面接（囲碁・将棋は実技検査あり）
	一般		1/12	1/18	2/3	2/9	2/10	適性検査Ⅰ・Ⅱ・Ⅲ
都立富士高等学校附属中学校	一般	男女各80	1/12	1/18	2/3	2/9	2/10	適性検査Ⅰ・Ⅱ・Ⅲ
都立三鷹中等教育学校	一般	男女各80	1/12	1/18	2/3	2/9	2/10	適性検査Ⅰ・Ⅱ
都立南多摩中等教育学校	一般	男女各80	1/12	1/18	2/3	2/9	2/10	適性検査Ⅰ・Ⅱ
都立武蔵高等学校附属中学校	一般	男女各80	1/12	1/18	2/3	2/9	2/10	適性検査Ⅰ・Ⅱ・Ⅲ
都立両国高等学校附属中学校	一般	男女各60	1/12	1/18	2/3	2/9	2/10	適性検査Ⅰ・Ⅱ・Ⅲ

※1千代田区民 ※2千代田区民以外の都民 ※3自然科学（全国科学コンクール個人の部で上位入賞した者） ※4日本の伝統文化（囲碁・将棋、邦楽、邦舞・演劇）

神奈川	募集人員	願書受付 開始日	願書受付 終了日	検査日	発表日	手続期限	検査等の方法
県立相模原中等教育学校	男女各80	1/6	1/8	2/3	2/10	2/12	適性検査Ⅰ・Ⅱ ※2021年度入学者検査については、グループ活動は実施しません
県立平塚中等教育学校	男女各80	1/6	1/8	2/3	2/10	2/12	
川崎市立川崎高等学校附属中学校	120	1/5	1/7	2/3	2/10	2/11	適性検査Ⅰ・Ⅱ・面接
横浜市立南高等学校附属中学校	男女各80	1/6	1/8	2/3	2/10	2/11	適性検査Ⅰ・Ⅱ
横浜市立横浜サイエンスフロンティア高等学校附属中学校	男女各40	1/6	1/8	2/3	2/10	2/11	適性検査Ⅰ・Ⅱ

※募集区分はすべて一般枠

千葉	募集人員	願書受付 開始日	願書受付 終了日	検査日	発表日	手続期限	検査等の方法
千葉市立稲毛高等学校附属中学校	男女各40	12/3	12/4	1/24	2/1	2/3	適性検査Ⅰ・Ⅱ・面接
県立千葉中学校	男女各40	願書等 11/16 報告書・志願理由書等 1/8	願書等 11/18 報告書・志願理由書等 1/12	一次検査 12/5 二次検査 1/24	一次検査 12/17 二次検査 2/1	2/2	一次 適性検査 二次 適性検査・面接等
県立東葛飾中学校	男女各40	願書等 11/16 報告書・志願理由書等 1/8	願書等 11/18 報告書・志願理由書等 1/12	一次検査 12/5 二次検査 1/24	一次検査 12/17 二次検査 2/1	2/2	一次 適性検査 二次 適性検査・面接等

※募集区分はすべて一般枠

埼玉	募集区分	募集人員	願書受付 開始日	願書受付 終了日	検査日	発表日	手続期限	検査等の方法
県立伊奈学園中学校	一般	80	12/25	12/28	第一次選考 1/16 第二次選考 1/30	第一次選考 1/25 第二次選考 2/3	2/9	第一次 作文Ⅰ・Ⅱ 第二次 面接
さいたま市立浦和中学校	一般	男女各40	1/5	1/6	第1次選抜 1/16 第2次選抜 1/23	第1次選抜 1/21 第2次選抜 1/28	2/4	第1次 適性検査Ⅰ・Ⅱ 第2次 適性検査Ⅲ・面接
さいたま市立大宮国際中等教育学校	一般	男女各80（含特別1割程度）	1/5	1/6	第1次選抜 1/17 第2次選抜 1/23	第1次選抜 1/21 第2次選抜 1/28	2/4	第1次 適性検査A・B 第2次 適性検査C・集団活動
	特別		1/5	1/6	第1次選抜 1/17 第2次選抜 1/23	第1次選抜 1/21 第2次選抜 1/28	2/4	第1次 適性検査D・E 第2次 適性検査F・集団活動
川口市立高等学校附属中学校	一般	男女各40	12/25	12/26	第1次選考 1/16 第2次選考 1/23	第1次選考 1/21 第2次選考 1/28	2/8	適性検査Ⅰ・Ⅱ・Ⅲ、集団面接

2021年度入試用 **首都圏** 中学受験情報誌 **合格アプローチ** 臨時増刊

公立中高一貫校ガイド

好評発売中！

首都圏の公立中高一貫校の
すべてがわかる最新ガイド
全23校を完全網羅！

●全国の書店でお求めください

A４変型 176ページ
定価：本体1,000円＋税
ISBN978-4-86512-197-1

●安田教育研究所代表・安田理氏が
2020年度の状況分析から2021年度入試を予想
●首都圏公立中高一貫校23校 校長先生インタビュー
●森上教育研究所所長・森上展安氏が選ぶ
「公立中高一貫校と併願してお得な私立中学校」
●解説をつけて23校の適性検査を紹介

株式会社 グローバル教育出版
〒101-0047 東京都千代田区内神田2-5-2 信交会ビル3F
TEL：03-3253-5944（代） FAX：03-3253-5945
http://www.g-ap.com